**한국 기독교,
어떻게 국가적 종교가 되었는가**

한국
기독교,
어떻게
국가적 종교가
되었는가

아사미 마사카즈 · 안정원 지음
양현혜 옮김

cum libro
책과함께

일러두기

1. 이 책은 淺見雅一・安廷苑의 韓國とキリスト教―いかにして"國家的宗教"になりえたか(中公新書, 2012)를 완역한 것이다.

2. 일본어의 'キリスト教'는 가톨릭과 개신교 양쪽을 다 포함하지만, 한국어의 '기독교'는 대체로 개신교를 지칭하는 경향이 있어 혼동의 여지가 있다. 그러나 기독교라는 명칭은 본래 가톨릭과 개신교 양쪽을 모두 포함하므로, 이 책에서는 포괄적인 의미로서 '기독교'라는 용어를 사용하였다.

3. 본문에 등장하는 인물의 직함이나 자료의 수치는 2012년 원서 출판 당시의 것이며, 직함의 경칭은 생략하였다.

머리말

일찍이 '가깝고도 먼 나라'였던 한국이 가까운 이웃나라로 느껴지게 된 것은 텔레비전 드라마 〈겨울연가〉 덕분일지도 모른다. 한국 붐을 의미하는 '한류(韓流)'라는 말은 중국에서부터 생겨나서 동아시아 전역에서 볼 수 있는 현상이 되었다. 실제로 중국, 홍콩, 대만에서도 한국 영화나 드라마는 커다란 붐을 일으켰다. 일본에서 한류 그 자체는 어느 정도 사그라지고 있으나, 그렇다고 해도 한국에 대한 관심은 여전히 높다. 한국과 북한의 사회나 문화론에 관한 저작이 많이 출판되고 있고 그 가운데는 우수한 것도 적지 않다. 그러나 한국 사회를 이해하는 데 있어서 일본에서 거의 다루어지지 않은 중요한 문제가 있다. 그것은 바로 기독교이다.

한국에는 기독교 신자가 많고, 그 가운데는 저명한 사람도 적지 않다. 예를 들면, 이명박 전 대통령(재임 2008~2013)은 개신교 장로교의 신자이다. 그는 취임 당시 서울에 있는 장로교 소망교회의 장로직을 맡고 있었다. 교회를 통해서 신앙을 함께하는 사람들 간의 교류도 많으며, 대통령 취임 후의 내각 인사에 자신이 다니는 교회의 인맥을 활용하여 비판받기도 했다. 김대중 전 대통령(재임 1998~2003)은 가톨릭 신자이고, 김영삼 전 대통령(재임 1993~1998)도 개신교 신자였다. 초대 대통령 이승만(재임 1948~1960) 역시 개신교 신자로, 미션스쿨에서 미국의 선교사에게 배우고 미국에서 유학한 인물이다. 이렇게 기독교는 직간접적으로 한국 사회에 커다란 영향을 미치고 있다.

〈겨울연가〉의 주인공으로 일본에서 한류 붐을 일으켰던 배우 배용준은 가톨릭 신자라고 한다. 여주인공 최지우는 개신교의 장로교 신자임을 스스로 밝혔다. 연예인들은 팬을 폭넓게 확보하기 위해 보통은 자신의 신앙을 공표하지 않으나, 가톨릭, 개신교를 불문하고 기독교 신자가 많을 것으로 추정된다.

이와 같이 한국에서는 기독교 신앙을 가진 사람들이 다양한 분야에서 활약하고 있다. 신자의 대다수는 매주 일요일에 교회에 출석한다. 그 열성은 오늘날의 서구에서도 찾아보기 힘들 정도다.

한국에 기독교 신자가 많다는 것은 곧 교회가 많다는 것을 의미한다. 서울 시내에서는 옥상 위에 십자가를 세운 교회가 눈에 띈다. 이들 교회는 서로서로 인접해 있고 대부분 건물의 규모가 꽤 크다. 밤이 되면 십자가의 붉은 네온사인을 켜는 교회가 적지 않다. 다만 가톨릭교회는 십자가 그 자체에 네온사인을 켜지 않는다고 한다. 한국 교회의 화려한 외관이 외국인의 눈에 상당히 기이하게 보일지도 모른다.

한국 기독교에 관해서는 지금까지 일본에 소개된 바가 거의 없었다. 통일교와 같은 한국계 종교가 일으킨 사건이 매스컴으로 보도되면, 그것이 마치 한국 기독교 전체의 특징인 것처럼 이야기되어 버린다. 사회적으로 문제를 일으키지 않는, 압도적으로 많은 보통 교회들은 취재 대상이나 화젯거리가 되지 않는다. 따라서 한국 기독교, 특히 후술할 개신교회에 대해 그 대부분이 '컬트적' 혹은 '이단적' 교회일 것이라고 생각하는 일본인이 적지 않을 것이다. 한국의 실태가 설명되고 있지 않기 때문에 무리도 아니다.

일반적으로 서구 종교라고 인식되어 있는 기독교를 한국인이 폭넓게 믿고 있음이 기이하게 느껴질지도 모른다. 일본에서 기독교가 거의 수용되고 있지 않음을 고려한다면, 한국 기독교를 둘러싼 현상에는 그럴만한 이유가 있을 것이다. 1988년에 개최된 서울 올림픽대회 전후부터 한국은 놀라운 속도로 경제를 발전시켰다. 기독교회도 국가의 경제 발전과 그 궤를 함께하며 서울을 비롯한 도시의 종교로서 확대되어 왔다.

20세기 초 한국에서는 기독교회가 현재보다 규모는 작았지만 사회의 지주로서 시대를 선도하는 역할을 담당하는 존경할 만한 존재라고 인식되고 있었다. 그러나 교회 관계자들도 인정하는 것처럼 1990년 이후, 국가 전체로 보자면 한국 교회의 성장은 정체의 징후를 보이고 있고, 한국 사회는 기독교를 부정하는 움직임까지 보이고 있다. 결정적으로 이러한 움직임이 나타난 계기가 된 것이, 2007년 여름에 일어난 아프가니스탄 인질 사건이었다고 할 수 있다. 이에 대해서는 제 1장에서 논하기로 한다. 한국인이 해외에 진출함에 따라 해외의 한국 교회도 증가하고 있다. 또한 한국이 직면한 최대의 문제로서 북한이라는 존재가 있지만, 북한의 기독교에 대해서는 여전히 베일에 싸인 상태이다.

차 례

제 1 장

기 독 교 회 의 존 재 감

1984년 전도 집회의 모습

1
데이터로 본 한국 교회

생활 속의 기독교

세계 최대의 개신교회가 한국에 있다는 것을 알고 있는가? 단일 교회로서 소속 신자 수가 세계 최대라고 일컬어지는 개신교회가 수도 서울에 있다. 그 교회는 서울의 중심을 동서로 흐르는 한강 중류에 위치한 여의도의 여의도 순복음교회이다. 소속 신자는 75만 명 이상이라고 한다. 일반적으로 신자 수가 1만 명을 넘는 교회를 '대형교회'라고 한다. 이러한 세계 최대급 개신교회의 상당수가 한국에 있고, 더구나 그 대부분이 수도 서울에 모여 있다. 서울은 거대한 기독교회가 북적이며 모여 있는 도시라고 할 수 있다.

일요일이 되면 이러한 교회들에 많은 사람들이 예배를 드리러 모여든다. 한국에서는, 반드시 집에서 가까운 소속 교파의 교회로 다녀야 할 필요는 없다. 이사를 가도 이전의 교회에 그대로 다니는 것은 보통 있는 일이다. 일부러 멀리 있는 교회에 자가용을 타고 가는 신자도 적지 않다. 그러다 보니 교회의 주차장이 부족하여 주변의 토지를 구입해서 신자용 주차장으로 사용하기도 하고, 가까운 학교의 교정을 임시 주차장으로 빌리는 교회까지 있다. 그렇게 해도 대형교회의 경우 일요일마다 주변 도로가 정체되고, 자원봉사자인 신자가 교통정리를 해도 주차장이 부족한 상황이 된다.

그러나 1970년대까지는 개신교회 신자의 대부분은 일요일마다 집에서 걸어서 다닐 수 있는 지역 교회에 다녔다. 신자가 된 사람은 자발적이든 가족이나 지인이 전도해서든 근처에 있는 교회를 다니기 시작했던 것이다. 그런데 1980년대가 되자 설교를 잘해서 신자들에게 인기 있는 목사가 출현하기 시작한다. 그 평판이 입소문, 저서, 텔레비전, 나아가 인터넷 동영상 등에 의해 급속도로 퍼져갔다. 이러한 카리스마를 가진 저명한 목사를 따라 신자가 교회를 바꾸고, 먼 거리를 이동하여 일요일 예배에 참여하는 패턴이 눈에 띄기 시작했다.

여의도 순복음교회

    도시화가 진행됨에 따라 대중교통 수단에 의해 원거리 이동이 편리하게 된 점과 경제적으로 여유가 생겨 자가용으로 이동이 가능하게 된 계층이 증가한 것도 요인이었다. 아직까지도 지역 교회를 선택하는 신자가 있는 반면, 목사의 명성이나 개인적 기호로 교회를 선택하는 신자도 많은 상태이다.

    신자가 되는 계기는 다양하다. 지인이나 친구의 권유에 의해 교회를 가게 된 사람도 있지만, 가족의 영향은 상당히 크다. 부모의 신앙이 그대로 아이의 신앙이 되는 경우도 많다. 한국은 일본보다도 가족의 연대가 강하고 자녀에 대한 부모의 영향력도 상당히 크다고 한다. 특히 어머니가 신자일 경우 어린아이를 데리고 일요일마다 교회에 함께 가는 것이 일반적으로 흔히 보이는 광경이다.

일상생활에서는 신앙이 문제되는 일이 없지만, 드물게 커다란 문제가 될 때도 있다. 교회에서 원칙적으로 신앙이 다른 사람들끼리의 결혼을 금지하고 있기 때문이다. 교회가 실생활에서 강제력을 가지고 있지 않기 때문에 엄격하게 금지하는 경우는 거의 없고, 대체로 신자가 아닌 상대방을 신앙으로 인도하도록 권하고 있다.

또한 양쪽 다 신자가 아닌 경우 보통은 교회에서 결혼식을 거행할 수 없다. 일본에서 볼 수 있는 결혼식장용 교회는 한국인 신자가 생각하는 예배를 위한 교회가 아니기 때문에, 신자인지의 여부와 상관없이 결혼식을 올릴 수 있다. 결혼할 때의 신앙의 상이함에 대해서는 교회보다 당사자의 부모가 어떠한 태도를 취하는가에 따라 사태가 크게 좌우된다.

같은 교회에 다니는 사람들 사이에는 일종의 네트워크가 형성된다. 대형교회의 경우 각계의 중요한 지위에 있는 인물이 소속되어 있을 경우가 많다. 그렇게 되면 교회 내에서 직종별로 다양한 네트워크를 형성하게 된다. '머리말'에서 쓴 것처럼 정치가가 교회를 통해 연결되어 있는 경우도 드물지 않다. 경제면에서도 대형교회 정도가 되면 신자가 고객이 될 수 있기 때문에 교회 내에서 인심을 얻는 것이 커다란 사업상의 기회로 연결된다. 누구나 알 만한 대형교회의 경제인 조직은 회원이 되는 것만으로도 커다란 특권이 된다고까지 말해진다.

통계적으로 보는 신자 수

한국 기독교의 현상에 대해서는 한국 통계청이 통계 자료를 발표하고 있다. 종교 인구의 비율을 나타내는 조사는 10년에 한 번씩 하게 된다. 확인할 수 있는 최신의 데이터로서 2005년의 종교 조사 결과를 소개한다. 한국 총 인구는 2005년 시점에서 약 4728만 명이었다.

우선 한국 전체 인구에서 차지하는 종교별 신자 비율을 살펴보자. 한국에서 종교를 가지고 있다고 답한 사람이 전체의 53.1퍼센트, 즉 약 2510만 명이다. 한국에서 가장 신자 수가 많은 종교는 불교로, 그 신자는 인구 대비 22.8퍼센트이다.

개신교가 그 다음으로 많은데 18.3퍼센트이고, 다음은 가톨릭이 10.9퍼센트이다. 기독교인의 합계는 약 1380만 명, 전체 인구에서 차지하는 비율은 29.2퍼센트로 30퍼센트에 가깝

	종교 있음	개신교	가톨릭	불교	유교	원불교	기타	종교 없음
합계	53.1	34.5	20.6	43.0	0.4	0.5	1.0	46.5
남성	49.7	34.3	20.3	43.3	0.5	0.5	1.0	49.8
여성	56.4	34.7	20.8	42.6	0.4	0.5	1.0	43.1
서울	54.7	41.7	25.9	30.8	0.2	0.4	1.0	44.8
부산	58.2	17.8	12.8	67.4	0.1	0.4	1.4	41.4
대구	54.5	19.1	18.0	61.4	0.2	0.1	1.2	45.4
광주	48.1	41.0	27.0	29.9	0.4	0.7	0.9	51.7
경기도	51.9	42.1	24.0	32.4	0.3	0.3	0.9	47.5
강원도	48.5	32.1	18.8	47.5	0.6	0.2	0.8	51.2
충청북도	49.3	30.7	20.0	48.3	0.3	0.2	0.6	50.4
충청남도	50.1	39.0	18.2	41.0	0.8	0.3	0.6	49.6
전라북도	53.5	49.1	21.3	23.9	0.5	4.4	0.7	46.3
전라남도	48.7	44.8	17.8	33.1	0.4	1.3	0.6	51.0
경상북도	53.6	21.6	13.2	63.2	0.8	0.2	1.1	46.2
경상남도	55.8	15.3	10.5	71.9	0.5	0.5	1.2	44.0
제주도	51.4	14.0	20.1	63.7	0.6	0.4	1.1	47.9

※ 한국 통계청 '2005년 인구주택총조사 보고서'에 의함

다. 한국 전체의 지역적 경향을 보면, 서울을 포함한 한국 서쪽은 기독교가 왕성한 것에 비해 강원도, 경상북도, 경상남도를 포함한 동쪽은 불교가 강하다고 할 수 있다.

수도 서울에 대해서 살펴보면, 약 976만 명 중 종교를 갖고 있다고 대답한 사람이 약 534만 명이므로, 약 54.7퍼센트가 된다. 그 가운데 불교도는 16.8퍼센트이다. 개신교가 22.8퍼센트이고 가톨릭이 14.1퍼센트이므로, 서울 인구 가운데 36.9퍼센트가 기독교 신자인 것이다. 이 숫자는 전국 평균보다 7.7퍼센트 포인트나 높다. 덧붙여 말하면 서울에는 유교 신자가 약 1만 2000명, 그리고 표에서는 기타 종교에 포함되었으나 천도교 신자가 약 1만 2000명으로 거의 같은 숫자이다. 천도교는 근대에 들어와 성립한 종교이다. 유교를 종교라고 볼 것인가의 여부라는 문제는 있으나, 자신이 믿는 종교라고 생각하는 사람이 이 정도 있다는 셈이다.

일본에서는 기독교를 말할 때 가톨릭과 개신교 양측을 다 포함하지만 한국에서는 양자를 엄밀하게 구별한다. 일반적으로 가톨릭을 '천주교' 혹은 '가톨릭'이라고 하고, 프로테스탄트를 '기독교' 혹은 '개신교'라고 부른다. 기독교라는 명칭은 본래 개신교와 천주교 양쪽을 모두 포함하지만, 한국에서 말하는 기독교는 대체로 개신교를 지칭하는 경향이 있다. 현재 한국에서 한자는 거의 사용되고 있지 않으나 천주교와 기독교의 명칭에는 한자의 영향이 그대로 남아 있다. '천주(天主)'는 신을 가리키는 단어로 중국에 16세기 말 최초로 전파되었을 때부터 그렇게 불리고 있었다. '기독(基督)'은 그리스도를 한자로 음역(音譯)한 것이다. 개신교 선교와 더불어 19세기 이후에 사용하게 되었다. 한국에서 일반적으로 '교회'라고 하면 개신교 교회를 지칭한다. 가톨릭교회는 '성당'이라 불린다.

한자로 가톨릭은 '야소교(耶蘇教)'라고도 했으나 한국어에서 이 명칭은 거의 사용되지 않는다. 원래 '야소'라 함은 'Jesus'의 음역으로, 야소회(예수회)가 중국에서 기독교를 전파하면서 '야소교'라 불리게 된 것이었다. 한국 개신교 교파는 교파명을 지칭할 때 '대한예수교장로회'와 같은 오래된 명칭을 사용할 경우가 있는데, 그것은 근세 초기에 새로이 참여한 개신교를 기존의 가톨릭과 구별해서 '예수교'라고 부른 것에서 유래한다.

가톨릭의 신자 수

가톨릭 신자 수에 대해서는, 교회가 매년 1월에 공식적으로 발표하므로 매우 정확하다. 해마다 각 교회가 교회 소속의 신자 수를 소속 교구에 보고한다. 가톨릭교회의 경우 신자가 다른 교회에 중복해서 다니는 경우는 없다고 생각해도 좋다. 가톨릭교회는 20세기 초부터 그러한 통계 작업을 매년 해왔다. 통계가 사실상 불가능했던 한국전쟁(1950~1953) 시기를 제외하면 신자 수의 추이를 정확하게 파악할 수 있다. 세대별 신자 수에 대해서도 5세 간격으로 통계가 공표된다. 또한 교구별 정보에 대해서는 매년 《가톨릭 연감》이 발표되고, 5~6년분에 해당하는 정보가 《가톨릭 총감》으로 출판되고 있다.

2010년 12월에 가톨릭교회가 공표한 그해의 통계에 의하면, 가톨릭 신자 수는 전국에 약 520만 명으로 전체 인구 약 5143만 명에 대한 비율은 약 10.1퍼센트가 된다. 1980년경까지 가톨릭교회는 개신교회에 비해 신자 수가 늘지 않는 점이 지적되곤 했으나, 그 이후는 증가세로 돌아섰다. 2005년부터 그 후 5년간에 신자의 비율이 0.6퍼센트 포인트나 상승하고 있는 것이 단적인 증거이다. 같은 해의 통계청 조사는 10.9퍼센트였는데, 가톨릭교회의 조사에서는 그보다 적은 9.5퍼센트였다.

다음으로 성직자 수를 살펴보자. 가톨릭교회의 성직자는 교구 교회 성직자의 경우 로마교황청이 임명한다. 수도회 소속 성직자는 그 수도회의 장이 임명하지만, 역시 로마교황청의 영향 하에 있다는 점에는 다름이 없다. 한국인 추기경은 지금

(2012년 현재)까지 2명이 임명되었다. 추기경 이하의 서열로는 대주교가 5명이다. 2010년 12월 말 시점의 가톨릭교회 통계에 의하면 주교직 수는 추기경·대주교·주교·보좌주교·은퇴주교를 포함해서 총 32명이라고 한다(2014년에 염수정 대주교가 세 번째 한국인 추기경으로 임명되어, 한국 가톨릭교회는 대주교 3명을 포함한 현직 주교 24명과 은퇴주교 12명을 갖게 되었다 – 옮긴이).

신부는 4490명이므로 신부 한 사람당 신자 수는 약 1159명이 된다. 신자의 증가의 더불어 신부도 증가하고 있어 2005년부터 5년 사이에 655명이나 증가했다. 가톨릭 성직자를 양성하기 위한 신학교는 전국에 총 7개 학교가 있다. 이 수에는 예수회 계열의 명문대학인 서강대학교의 신학부는 포함되어 있지 않다.

개신교의 신자 수

개신교에 대해서는 다양한 교파 교회가 있는 데다가 각 교회가 소속 신자의 정확한 수를 파악하고 있다고 말하기 어렵다. 교파에 따라 엄밀히 분류한다 해도 신자가 여러 교회에 등록되어 있는 등 통계에 부분적으로 중복이 보일 뿐만 아니라, 홍보를 위해 신자 수를 과장해서 발표하는 경우도 있다고 한다. 교회마다 발표하는 총 신자 수를 그대로 합치면 그것만으로 한국의 전체 인구수를 넘어버린다는 우스갯소리까지 들린다. 개신교회는 교파 간의 구속이나 통제보다 각 교회가 개별적으로 성장하는 것을 우선시하는 이른바 '개별교회주의'에 의해 발전해온 데다가, 그로 인해 교파 간의 차이를 별로 신경 쓰지 않는 신자가 많은 것도 이러한 경향을 부추겨왔다.

개신교 신자 수는 앞의 한국 통계청의 데이터에 의하면 가톨릭 신자 수의 약 1.6배라고 하는데, 실제로는 적게 어림잡아도 가톨릭 신자의 2배는 될 것이라고 여겨진다. 교파가 별 의미가 없기 때문에 신자 수의 통계가 정확하지는 않다. 그렇더라도 기준이 되는 자료로 2005년 한국기독교총연합회(한기총)의 발표에 의하면, 한국 개신교 교회는 장로교가 70.7퍼센트로서 압도적으로 많고, 다음으로 감리교가 9.8퍼센트, 순복음교가 8.2퍼센트, 성결교가 6.2퍼센트, 침례교가 4.7퍼센트였다. 순복음교라는 것은 여의도의 순복음교회가 소속되어 있는 교파인데, '기독교 대한 하나님의 성회'라고도 불린다. 이 교파 순서에는, 19세기 말 선교 초기 단계에 조선에 들어온 개신교 선교사의 압도적인 다수가 미국인이며 그들의 대부분이 장로교와 감리교 소속이었던 영향도 어느 정도 남아 있다.

한국 교회의 확대

전도 집회의 개최

개신교의 눈에 띄는 활동으로 대규모 전도 집회를 즐겨 개최하는 것을 들 수 있다. 전도 집회란 신자가 아닌 사람들을 기독교에 인도하기 위해 교회가 개최하는 집회를 말한다. 보통은 여러 날에 걸쳐 열리며 예배 형식을 띄고 있으나, 저명한 강사를 초빙하는 등, 일요예배에 비해 이벤트성이 높다.

한국전쟁 이후 한국에서는 미국의 빌리 그레이엄 등 세계적으로 유명한 목사를 초빙해 대규모 전도 집회가 열렸다. 그레이엄은 1950년대 이후 미국 각지에서 대규모 전도 집회를 성공시킨 설교자로 알려져 있다. 그는 1918년 노스캐롤라이

나 주의 부농 집안에서 태어나 신학교를 졸업한 후 침례교회의 목사가 되었다. 1950년에는 '빌리 그레이엄 복음전도협회'를 설립한 뒤 미국뿐만 아니라 세계 각지에서 대규모 전도 집회를 개최했다. 일본에서도 전도 집회를 열었지만, 한국에서와 같은 성과를 올리지는 못했다.

한국에서 개최된 그레이엄의 전도 집회에 참가한 인원수는 집회의 세계 기록이 되었다. 대규모 전도 집회가 개최된 것은 미국 교회의 영향이기도 하지만, 한국 개신교회의 특징이라고도 할 만했다. 1970년대 이후 한국 교회에서는 대규모 전도 활동을 개최하는 움직임이 확대되어, 이를 통해 새로운 신자를 확보하는 데 놀랄 만한 성과를 거두었다.

서울 여의도에는 예전에 상당히 큰 광장이 있었다. 이 광장에서 1973년, 1974년, 1977년, 1980년에 대형 전도 집회가 개최되었다. 전도 집회는 보통 1회에 수일간 계속된다. 1973년 전도 집회는 서울에서 5월 30일부터 6월 3일까지 열렸으며, 마지막 날에는 약 110만 명이나 참가했다고 한다. 이때 그레이엄이 초빙되어 설교를 했다. 이 정도로 대규모는 아니라고 할지라도 전도 집회는 서울 등 대도시를 중심으로 오늘날까지 빈번하게 열리고 있다.

한국 개신교회의 특징 중 하나는 목사 한 사람이 새로운 교회를 세우는 식으로 각 교회의 독립성이 강하다는 점이다. 대형교회의 부목사가 독립하여 담임목사로서 새로 교회를 세우는 것은 한국에서는 드문 일이 아니다. 담임목사는 그 밑에서 일하는 부목사 등의 목회자를 통솔하며 그 교회 전체를 지도하는 책임을 맡는 목사를 말한다. 한국 개신교회는 분점을 차리는 것처럼 곁가지를 내가면서 확대되어왔다. 이처럼 목사가 독립할 경우 이전에 소속됐던 교회로부터 지원받는 일은 있어도 강하게 제약받는 것은 거의 없는 듯하다.

새롭게 교회를 설립한 사람이 신앙 면에서 문제가 있을 경우, 일반적인 개신교 교회에서 분파해나간 교회라고 하더라도 이른바 '컬트(cult)'가 되기도 한다. '컬트'라는 단어는 라틴

어의 '숭배(cultus)'에서 유래하여 '사교(邪敎)'의 의미로 변화된 것이다. 유사한 단어로 '이단(異端)'이 있다. 이단은 특정 종파를 정통적이 아니라고 배척하기 위해 외부에서 붙인 평가 또는 호칭이라고 할 수 있다. 신앙의 방식에 문제가 없더라도 이단으로 간주될 가능성도 있으나, 신앙의 방식에 원래부터 문제가 내재되어 있는 것이 이단이다. 이단은 한국 기독교회 전체로 보면 실제적으로는 적은 수에 불과하나, 기독교회의 이름을 내세워 사회적 문제나 범죄를 일으키는 만큼 눈에 띄는 존재가 되고 있음을 부정할 수 없다.

확대와 정체

한국 교회는 지금까지 확대되는 경향이었다고 하지만 늘 그래온 것은 아니다. 1980년대에는 가톨릭교회, 개신교회 양측이 모두 비약적인 성장을 이루었으나, 1990년대에 들어서면서 침체의 징후를 보이고 있다.

한국 통계청이 발표한 2005년의 종교 분포를 그 전의 1995년의 통계와 비교해보면, 과거 10년간 개신교 신자 수가 경미하게 감소하고 있음을 알 수 있다. 그중에는 교회를 떠난 사람도 있겠으나, 가톨릭으로 개종한 사례도 적지 않다. 개신교 신자는 1995년에 전체 인구의 19.7퍼센트였으나, 2005년에는 18.3퍼센트로 감소했다. 실제의 숫자도 미미하게 감소했다. 한편 가톨릭 신자는 1995년에 6.6퍼센트였으나, 2005년에는 10.9퍼센트로 증가했다. 이 기간 중 불교 신자 수도 약간의 증가를 보이고 있다.

이러한 결과가 발표되자 개신교회는 한동안 벌집 쑤신 듯 떠들썩했다. 그 원인이 분석되고 대응책이 토론되는 가운데, 교회 안에서 자성의 소리도 들리게 되었다. 한국 교회의 확대가 이미 한계에 부딪쳤다는 것이 교회 관계자 사이에서도 그동안 인정되고 있던 일이기 때문이다.

나아가 2005년에 발표된 '한국 교회 미래를 준비하는 모임(약칭은 한미준)'이라는 개신교 단체가 발표한 통계 자료도 주목할 만하다. 이에 의하면 가톨릭 신자의 18.8퍼센트는 가톨릭 이외의 종교나 종파에서 옮겨온 사람들인데, 그중 57.1퍼센트가 개신교회에서 온 사람이라는 것이다. 또 무종교 인구의 세 사람 중 한 사람은 과거에 종교를 가지고 있었는데, 그중 62.2퍼센트가 과거에 개신교 신자였다고 한다. 즉 무종교인이 되거나 가톨릭으로 개종한 사람들의 다수가 원래는 개신교 신자였다는 셈이다(정숙희,《그들은 왜 교회를 떠났을까?》).

교회의 경제력과 세습 문제

교회에 금전을 기부하는 것을 '헌금'이라고 부른다. 한국에는 매달 수입의 10분의 1을 십일조로 교회에 헌금하는 열성 신자도 적지 않다. 수입의 10분의 1을 신에게 바치는 것은 성서의 가르침에 근거한 것이다.

가톨릭교회와 개신교회 모두 주일 미사나 예배 때 소액의 헌금을 하는 것이 관습으로 되어 있다. 비록 소액의 헌금이라고 할지라도, 일요일마다 교회에 가는 신자가 많은 만큼 그 총액이 엄청나다는 것은 쉽게 상상이 될 것이다. 개신교회의 수입 대부분은 헌금에 의한 것이다. 2005년도부터 가톨릭교회는 수입과 지출을 공표하기로 했으나, 개신교회의 대다수는 수익과 지출을 외부에 공표하고 있지 않다.

대형교회의 예산에 대해서 한 예를 들어보자. 서울 강남 지역에 있는 장로교의 한 대형교회에서는 2012년도 예산이 약 650억 원이었다. 이 교회에 소속된 신자는 약 7만 명이라고 한다. 예산은 전년도의 수입에 따라 수립되고 헌금이 수입의 중심이 되기 때문에, 신자 수의 증가에 따라 예산도 매년 증가하고 있다고 한다. 실제로 예산이 4년 전과 비교해 약 20퍼센트나 증가하였다. 회계 결산은 외부에 공표하지 않으나 교회 소속 신자들에게는 대략적인 계산을, 일부의 교회 임원에 대해서는 상세한 회계를 보고하고 있다. 이 교회와 같이 신자에게 회계 보고를 하는 교회는 그래도 양심적인 편이고, 수익과 지출을 외부에 공표하지 않을 뿐만 아니라 그 교회 장로나 임원들에게도 보고하지 않는 교회조차 실제로 존재한다.

이러한 경제력을 배경으로 해서 교회는 더욱 더 거대화되어 간다. 이에 따라 다양한 문제가 발생하는데, 그중 하나가 교회의 세습이라는 문제다. 가톨릭교회에서는 성직자의 독신제도가 엄격하게 지켜지고 있기 때문에, 사실상 교회의 세습이 일어날 수가 없다. 그러나 개신교회 목사에게는 결혼이 허용되어, 담임목사가 교회를 자식에게 양도하는 일이 일어나며 실제로 한국에서는 종종 일어나는 일이다.

기업 경영자의 세습이 드물지 않는 한국에서는, 일부에서 교회 목회자의 세습도 같은 차원의 문제로서 간주되는 경향이 있다. 이 경우 아들이 교회의 담임목사로서 부목사를 비롯한 목회자들 위에 갑자기 서게 되기 때문에 주위와 알력을 빚는 경우도 적지 않다. 교회가 세습될 경우, 보통은 교회 건물을 비롯한 재산도 법인의 책임자에게 동시에 세습된다. 대형교회에는 출판사, 신문사, 방송국 등이 병설된 경우도 있어서, 교회가 막대한 재산을 소유하고 있기 때문에 세습되는 재산도 막대하다. 이러한 목회자의 세습화에 대해 교회 내부에서도 반대의 움직임이 있으며, 때에 따라서는 내부 분열이 생기는 곳도 있다.

3
대형교회의 출현

대형교회란

한국 교회의 성장의 특징으로 신자 수의 증가와 더불어 교회가 거대화하는 경향을 들 수 있다. 그 결과 특히 개신교회에서 하나의 교회가 수만 명의 신도를 거느릴 만큼 확대되는 예가 자주 보인다.

한국 교회의 대형화에는 미국 교회의 영향이 있다고 생각된다. 원래 근대에 한국에 온 개신교 선교사 대부분이 미국에서 파견되었고, 한국전쟁 후 미군 통치기를 거치면서 미국 교회는 한국 교회에 큰 영향을 끼쳐왔다.

미국 개신교회는 사회에 대한 대응이나 신학적 해석을 둘

러싸고 분열과 통합을 반복해왔다. 정치적 이데올로기에 따라 여러 차례 재편성되었기 때문에 교파성이 점차 사라져갔다. 이러한 상황 아래서 교파 불문을 내걸고 대규모로 선교 활동을 펼쳐 신자 수가 급격히 늘어난 대형교회가 출현하게 되었다. 신자 측에서 본다면, 대형교회가 가진 다양한 가능성은 여러가지 상품과 서비스 중에서 자기에게 알맞은 것을 선택할 수 있음을 의미한다(호리우치 가즈노부,《미국과 종교(アメリカと宗教)》).

한국 개신교회는 이러한 미국식이 이미 완성된 형태로 이식된 것이라는 지적도 있다(강인철,《한국 기독교회와 국가·시민사회》). 이 지적은 대형교회의 현 상황에 들어맞는다고 생각한다.

대형교회라 하면 한 사람의 담임목사 아래 보통 수십 명, 경우에 따라서는 100명이 넘는 부목사들이 따른다. 주일 예배에서 설교하는 것은 담임목사 외에 몇 명의 부목사로 한정되고, 그 외 대부분의 부목사는 관할 지역을 분담하여 그 지역 신자의 가정을 방문하는 등 일상적인 목회 활동을 주된 업무로 하고 있다. 부목사 아래에는, 교회에 따라서 명칭은 다르지만, 예를 들면 강도사나 전도사 등으로 일하는 목회자가 있다. 또한 대형교회에는 교회 부속의 신학교를 가지고 있는 곳이 있고, 다수의 신학생을 거느리는 곳도 적지 않다.

하나의 교회가 수만 명의 신자를 거느리고 있는 이상, 교회 건물은 그만큼 거대해야 한다. 교회에 따라서는 건물 외관만 봐서는 상상이 안 될 만큼 많은 신자를 수용할 수 있는 곳도 있다. 앞서 말한 여의도 순복음교회는 한 번의 예배에 약 2만 5000명을 수용할 수 있다고 한다. 그렇더라도 신자가 많으면 한 번의 예배에 교회의 모든 신자를 수용할 수 없기 때문에 일요일에는 예배를 하루에 몇 차례나 반복하는 것이 보통이다. 본 예배당에 들어가지 못한 사람들은 별도의 방에서 텔레비전 화면으로 예배 중계방송을 보게 된다. 어린아이를 데리고 온 신자를 위해 소규모의 놀이 시설을 구비한 곳도 있다.

대형교회일 경우 1회 예배에 5000명에서 6000명 정도를 수용할 수 있는데, 예배를 6번 반복한다고 한다면 주일예배는 하루에 대략 3만 명 이상이 참가하는 것이 된다. 개신교회의 경우 1회 예배는 보통 1시간 반에서 2시간 정도 걸린다. 담임목사는 그때마다 거의 같은 내용의 설교를 하게 된다.

여의도 순복음교회

여의도 순복음교회는 앞에서 말한 비와 같이, 단일 교회로서 세계 최대의 규모를 자랑하며, 교회 소속 신자 수가 75만 명이 넘는다고 한다. 20세기 초에 미국 감리교와 성결교에서 파생된 성령운동, 즉 오순절운동의 흐름을 잇는 오순절파의 교회이다. 그 자체가 거대한 교회일 뿐만 아니라 다수의 교회 관련 조직을 소유하고 있다. 대형교회는 대체로 교회 부속 신학교가 있고 거기에서 목사를 양성한다. 경기도 군포에 있는 한세대학을 소유하고 있으며, 로스앤젤레스에도 신학대학을 가지고 있다. 1988년에는 일간지 《국민일보》를 창간하여 현재 한국에서 주요 일간지로 성장하였다.

이 정도 규모까지 성장한 교회는 한국에서도 특수한 경우에 속하지만, 담임목사 조용기와 이 교회의 성장 그 자체가 한국 사회에서의 개신교 성장을 상징한다고 말할 수 있다.

조용기는 1936년 경상남도에서 태어났다. 10대에 결핵을 앓아 고생했지만 기독교 신앙에 의해 완치되었다고 한다. 병이 나을 무렵, 미국 선교사가 개최한 전도 집회에 우연히 참가했는데, 거기서 영어 실력을 인정받아 통역으로 일하게 되었다. 통역을 하는 과정에서 기독교에 대한 이해가 깊어졌다고 한다. 그때까지 순복음교회에 소속되어 있던 인연도 있어서, 1958년에 교회 부속의 순복음신학교를 졸업했다. 같은 해에 신학교를 졸업한 전도사 최자실(崔子實)과 그녀의 집에서 예배를 보았는데, 이것이 현 여의도 순복음교회의 시초가 되었다. 한국전쟁 후 한국 개신교회는 전도 집회를 반복적으로 개최하면서 확대되었는데, 그 역시 '부흥회'라는 이름의 전도 집회를 반복하면서 신자들을 늘려나갔다. 처음에는 교회가 없었기 때문에 천막에서 시작했으나 얼마 안 되어 신자가 늘어나 천막 교회에 수용할 수 없게 되자, 1961년에 서대문 근처에 새롭게 건축한 교회로 옮겼다. 그는 그때까지 전도사 자격이었지만 다음해인 1962년에 목사로 승격했다.

조용기는 설교 내용을 통해 하나님이 인간에게 준 축복을 강조하였다. 한국 사회가 전반적으로 빈곤하여 사람들의 생활이 힘들던 때에, 그는 신의 축복을 말하고 현세의 부와 성공 추구를 긍정했다. 조용기의 메시지는 대중의 마음에 쉽게 다가갔다. 그의 설교는 사람들의 마음을 휘어잡았고 순복음교회의 신자는 폭발적으로 증가했다. 1973년에 교회가 현재의 여의도로 이전한 후에도 교회 성장은 계속되어 마침내 거대 교회라고 말할 수 있는 규모가 되었다. 이렇게까지 확대해 갈 수 있었던 이유에 대해 1960년대 이후의 도시화에 따라 농촌 인구가 도시에 흘러 들어온 영향이라고 설명하는 사람도 있고, 1970년대 고도성장기와 맞물려 풍요로운 생활을 추구하는 한국인의 욕구가 조용기의 메시지와 부합되었다고 설명하는 사람도 있다.

조용기

여의도 순복음교회에 의하면 소속 신자 수는 1979년에 10만 명을, 1984년에는 40만 명을 넘었고, 1992년경에는 70만 명을 넘어섰다. 여의도 순복음교회의 주일 예배에는 하루에 대략 10만 명 이상의 사람들이 참가한다고 한다. 예배를 보러 멀리서 여의도까지 오는 게 어려운 신자를 위해서 서울 교외에 지부 교회(지교회)를 몇 개나 설립하여 본부 교회(본교회)와 동시에 예배를 드릴 수 있도록 하고 있다. 1995년에 한국 최초의 통신 위성이 본격적으로 가동되면서부터는 여의도에서 행해지는 예배를 생중계하고 있다고 한다.

해외 선교에도 힘을 기울이고 있다. 이미 설교자로서 유명해진 조용기는 해외 교회에도 강사로 자주 나가 대규모 전도 집회를 개최함으로써 교세를 확대해갔다. 해외에 여러 개의 지교회를 갖고 있다. 일본에도 신주쿠(新宿)를 비롯한 수도권에 적어도 10개의 지교회가 있다. 신주쿠 순복음동경교회의 주일 예배는 하루에 7번 실시되지만, 최근까지 그 대부분이 여의도에서 조용기의 설교를 위성 중계한 것이었다. 이 모습은 인터넷에서도 방영되고 있다. 인터넷 선진국인 한국의 특징이라고 말할 수 있을지도 모른다. 일본에 있는 순복음교회의 지교회는 한국어와 일본어로 예배를 드리는데, 예배에 참가하는 신자는 일본인보다 한국인이 압도적으로 많다.

여의도 순복음교회가 한국을 대표하는 대형교회인 만큼 그는 한국 교회의 긍정적인 면뿐만 아니라 부정적인 면도 상징하는 존재이다. 순복음교회는 교단 분열도 경험하고 있다. '기독교 대한 하나님의 성회'에서 결렬되어 나와서 1985년에 '예수교 대한 하나님의 성회'를 설립하였다. 예수교라는 단어는 현재는 교단명을 지칭하는 단어로서만 사용되고 있다. 또한 그 거대한 경제력과 교회에 대한 그의 가족들의 과잉 간섭 등도 매스컴에 의해 비판의 대상이 되고 있다. 2008년에 조용기는 순복음교회의 담임목사직을 은퇴하고 원로목사가 되었으나, 그 후에도 교회 내에서 막강한 영향력을 유지했다.

조용기의 신학

여의도 순복음교회가 왜 이렇게까지 성장했는가에 대해서는 다양하게 논의되고 있지만, 담임목사인 조용기의 신학에서 그 이유를 찾아볼 수 있을 것이다. 근대 일본 기독교사 연구자인 조치대학(上智大學) 국제교양학부 교수 마크 R. 멀린스는 한국 교회가 거의 '기독교화한 무속종교'가 되었음을, 장로교회의 목사인 서광선 이화여자대학교 명예교수의 견해를 인용하여 설명하고 있다. 멀린스는 이 경향이 개신교 교회에 현저하다면서 조용기의 신학을 그 예로 들고 있다. 멀린스는 조용기의 신학이 첫째로 한국의 무교, 둘째로 로버트 슐러의 적극적 사고방식, 셋째로 풀러신학교와 연계된 국제교회성장연구원 선교학파의 실천주의라는 세 가지 요소가 종합된 것이라고 설명하고 있다(마크 R. 멀린스, 《메이드 인 재팬의 기독교(Christianity Made in Japan》).

한국 기독교가 샤머니즘을 기저로 한다는 것은 종종 지적되어왔다. 이러한 특징이 순복음교회에 현저하다는 것이다. 멀린스는 카리스마를 가진 목회자가 대형교회를 인솔하는 것도 샤머니즘적이라고 지적한다. 두 번째 요소로 든 로버트 슐러는 1926년에 태어나 텔레비전 전도 등으로 알려진 미국

인 목사이다. 슐러의 적극적 사고방식은 '불가능은 없다'라는 슬로건으로 대표된다. 이는 20세기 초 미국에서 시작하여 로먼 필이 유행시킨 적극적 사고의 이론을 목회 이론에 적용시킨 것이었다. 그의 저작은 미국과 한국에서 일세를 풍미하는 베스트셀러가 되었다. 그중 몇 권은 일본어로도 번역되어 있는데, 이나모리 가즈오(稲盛和夫)가 옮긴《어떻게 하여 자신의 꿈을 실현시킬 것인가(いかにして自分の夢を實現させるか)》(미카사쇼보, 1996) 등이 출판되었다.

세 번째 요소로 든 풀러신학교는 1947년 목사 찰스 E. 풀러가 창설한 개신교의 초교파적 신학대학원이다. 본부는 캘리포니아주에 있다. 보수적인 신학교지만 흔히 말하는 근본주의와는 확연히 구별된다. 풀러는 라디오 전도사로 선교 활동을 한 것으로도 알려져 있는데, 창립 당시에는 라디오 전도사와 신학자 등 저명한 인물을 교수로 초빙했다. 풀러신학교는 보스턴 교외에 있는 고든 코웰 칼리지, 시카고 교외에 위치한 위튼 칼리지와 활발하게 교류가 이루어지고 있다. 이들 세 학교는 모두 다 한국에서 잘 알려진 신학교로, 개신교 목회자를 지망하는 다수의 한국인 유학생이 배우고 있다. 또한 위튼 칼리지는 미국인 목사 빌리 그레이엄의 출신교이기도 하다.

교회성장이론은 1960년대에 풀러신학교에서 시작한 새로운 선교학 이론이다. 풀러신학교의 선교학은 교회 성장을 목표로 신학적 요소 위에 사회과학과 행동과학을 통합한 이론이다. 여기에 실천적 요소를 가미한 것이 교회성장이론으로 불리면서, 마침내 선교학과 분리된 하나의 학문이 되었다.

　　또한 조용기가 말하는 '영적으로도 충만하고, 물질적으로도 은혜를 받고, 질병으로부터 해방된다'라는 '3중 복음'에 대해서, 멀린스는 서울대학교 철학과 명예교수 손봉호의 견해를 인용하면서 '현세의 축복에 대한 과도한 강조'에 귀착된다고 설명한다. 현세의 축복이라는 것은 현세 이익의 긍정으로 치환될 수 있다. 김영재에 의하면, 기독교를 믿으면 만사가 형통하게 된다는 설교는 성서의 가르침을 균형 있게 가르친다고 말할 수는 없으나, '3중 복음'은 현세 이익을 추구하는 대중의 종교심과 욕망을 채워주는 것으로서 환영받았다고 한다(김영재, 《한국교회사》 개정3판). 순복음교회가 현세 이익을 과도하게 강조하고 있다는 설명이 되는데, 이는 많은 한국 개신교회에서 보이는 특징이라고 할 수 있다.

4
아프가니스탄 인질사건과
해외 포교

아프가니스탄 인질사건의 파장

2007년 7월, 한국에서 기독교 단기 선교로 아프가니스탄을 방문한 남녀 23명이 현지 남부를 이동하다 이슬람 원리주의자인 탈레반들에게 구속된 사건이 일어났다. 탈레반은 미국 정부와 아프가니스탄 정부에 대해 그들을 석방하는 조건으로 구속된 자신들의 동료의 석방을 요구했다. 한국 정부는 아프가니스탄이 위험 지역이라고 하여 여행 자제를 요청하고 있었으나, 그들은 그것을 알고서도 9박 10일의 단기 선교를 하러 간 것이었다.

그들은 모두 서울 근교의 샘물교회라는 장로교단에 속하

는 개신교회 신자들이었다. 그들이 아프가니스탄에 간 것은 기독교 선교단으로서만이 아니라 의료·교육을 위한 자원봉사자로서 간 것이라는 설명도 있었으나, 기독교회가 파송했다는 사실에는 변함이 없었다. 현지 상황을 전혀 고려하지 않고 선교 활동 비슷한 것까지 행하고 있었음이 점차 밝혀졌다. 더구나 그들 중 일부가 출발 전에 인천공항에서 찍은 단체 사진에 한국 정부의 여행 자제 요청 게시문이 커다랗게 찍혀 있었다. 탈레반에게 구속된 23명 가운데 인솔자였던 남성 목사가 가장 먼저 살해되고, 이어서 아프가니스탄 정부와의 교섭이 진전되지 않아 초조해진 탈레반이 일반 신도인 남성 1명을 또 살해했다. 결국 1개월 반 가깝게 구속된 후 한국 정부와 탈레반의 교섭이 진행되어, 지병 등의 이유로 먼저 석방된 여성 인질 2명을 제외한 19명 전원이 석방되면서 이 사건은 일단락되었다.

이 사건에서 아프가니스탄에 대한 선교사 파견의 시시비비를 둘러싸고 한국의 여론이 양분되었다. 그들의 행동을 비난하는 사람과 이해와 동정을 표명하는 사람으로 나누어진 것이다. 위험을 무릅쓰며 해외 선교를 하는 것에 찬성하는 사람이 있는가 하면, 경솔한 행동으로 국익을 해친 행위라고 비난하는 사람도 있었다. 신자가 아닌 사람뿐만 아니라 기독교 관계자 가운데도 그들을 비난하는 사람이 적지 않았다. 인질이었던 사람들에게 아프가니스탄이 위험하다는 인식이 결여되어 있던 것은 분명하다. 그들과 그들을 파견한 교회에 대한 한국 여론의 비난은 한국 개신교의 활동 그 자체에 대한 비난으로 이어졌다.

그런데 샘물교회 담임목사는 아직 인질사건이 해결되기 전부터 앞으로도 순교를 두려워하지 않을 것이며, 규모를 확대한 선교단을 파견하고 싶다는 등의 조심성 없는 발언을 반복했다. 그는 해외 선교에 나가 목숨을 잃으면 '순교'가 되는 것이라고 설명했다. 그렇게 말하면서도, 다른 사람을 보내려는 본인은 정작 위험을 동반하는 해외 선교에 나가지 않았다. 그의 이러한 언행이 한국 여론으로부터 비난을 받게 되자 그는 매스컴을 통해서 공식적으로 사과했다. 한국 정부는 탈레반 측에 대한 몸값 지불을 공식적으로는 부정했으나, 인질 구출을 위해 쓰인 직접적 경비를 나중에 샘물교회에 청구했음이 일부 언론에서 보도되었다.

그들에게는 이슬람교에 대한 인식이 명백히 부족했다. 일행 가운데에는 아라비아어 통역을 겸한 사람이 있었으나, 그

아프가니스탄 인질사건에서 석방된 선교단의 기자회견

들 대부분은 아라비아어의 지식조차 갖고 있지 못했다. 한국에는 이슬람교도가 거의 없기 때문에 그들이 이슬람교도와 일상적으로 접촉하는 일도 없었을 것이다. 그들의 조심성 없는 행동은 예비 지식이 없어서 초래된 것이었다.

한국에서는 개신교를 중심으로 많은 기독교단이 앞을 다투어 해외 선교를 하고 있는데, 이 사건과 같이 현지 상황을 파악하지 않고 현지의 문화나 관습을 무시하며 행하는 것이 문제시되고 있다. 해외 선교에 동반하는 위험이 한국의 국익에 영향을 준다고까지 이야기되고 있다. 비난은 해당 교회에 그치지 않고 한국 개신교회 전체에 대한 비판으로까지 발전하였다. 이에 대해 교회 내부에서도 지금까지의 행동을 자성해야 한다는 목소리가 높아졌다. 한국 교회, 특히 개신교회는 전래된 이래 한국 근대화와 중첩되어 긍정적인 이미지와 함께 크게 성장해왔다. 그러나 이 사건으로 그 이미지가 크게 실추되며 한국 사회로부터 그때까지 경험해보지 못한 격렬한 비난을 받게 되었던 것이다.

한국 교회의 세계 진출

개신교회의 경우, 해외에 가는 선교사가 반드시 목사의 자격이 있는 것은 아니다. 아프가니스탄 인질사건에서도 목사는 인솔자 한 사람뿐이고, 나머지는 다 일반 신도였다. 이러한 구성은 한국 개신교에서 자주 볼 수 있는 해외 선교단의 형태이다. 메세이대학(明星大學) 교수 히데무라 겐지(秀村研二)에 의하면, 한국 개신교회의 해외 선교 활동은 1970년대 말부터 1980년대 초에 걸쳐 시작되었다고 한다(히데무라 겐지, 〈수용하는 기독교에서 선교하는 기독교회로(受容するキリスト教から宣教するキリスト教へ)〉). 애초에 그들의 파견은 선교라고 했지만 재외 한국인 목회가 주된 목적이었다. 파견되는 것은 목사에 한정되고, 파견인 수는 합산해도 연간 수백 명에 불과했다. 그러나 1990년대에는 파견인 수가 수천 명에 이르고, 그 성격

이 재외 한국인뿐만 아니라 외국인에 대한 선교로까지 확대되었다. 이 무렵부터 국내에서 2~3개월이라는 단기간 연수를 받은 일반 신자도 선교사로서 해외에 파견되었다. 현재 연간 2만 명 이상의 선교사가 해외에 파견되고 있다. 한국 교회가 해외에 파견하는 선교사 수는 미국 교회에 이어 두 번째일 정도로 많다.

초기의 한국 개신교회에서도 1900년대 초 중국 동북 지방과 러시아 연해주 등에 사는 조선인을 위해, 1910년대 후반에는 중국인 선교를 위해 산둥 성과 상하이에 선교사를 파견했다. 그러나 그 후에는 일본 통치와 한국전쟁 등 수난의 시기가 계속되었고, 교회 분열이라는 사태까지 벌어져 해외 선교에까지 신경을 쓸 여유가 없었다. 그 후 1956년에 타이에 선교사를 파견한 것을 시작으로 해외 선교를 재개했다. 한국의 경제 성장에 의해 서울 등 대도시의 대형교회가 재정적으로 윤택하게 되면서 해외 선교에 눈을 돌리게 되었던 것이다. 1979년에 해외 선교에 파견된 한국인 선교사는 겨우 93명이었으나, 1988년에는 368명, 1990년에는 687명이 되었다. 2002년 말에는 선교사 1만 422명이 16개국의 각 지역에 파견되었고, 2009년 8월 시점에는 2만 503명이 168개국의 각 지역에 파견되었다. 반 이상이 아시아에 파견되어, 동북아시아만으로도 26.1퍼센트에 달한다(한국세계선교회KWMA: 김영재, 《한국교회사》 개정3판).

해외 선교의 실태와 배경

해외 선교에 성실하게 임하는 목회자가 많다고 하더라도, 이처럼 활발한 해외 선교에는 문제점도 있다. 한국 교회의 분열로 야기된, 교세 확장을 위한 경쟁과 개별교회주의 문제 등이 선교사들을 통해 그대로 투영되는 측면이 있는 것이다.

예를 들어 앞에서 살펴본 아프가니스탄 인질사건은 한국 개신교회가 서로 선교 경쟁을 하면서 발생한 측면이 있다고 할 수 있다. 다수의 일반 신자가 여름방학 등을 이용해 '단기 선교'라는 프로그램을 따라 해외에 가는데, 이것이 한국 사회에서 개신교에 대해 반발하는 움직임을 불러일으키는 결과가 되었다. 해외 선교 활동은, 그 교회에 있어서 한국 국내를 향한 절호의 선전 재료가 된다. 위험을 동반하는 지역의 해외 선교라면 그만큼 선전 효과는 커진다. 그 교회에 소속된 다른 신자로부터도 높게 평가되는 것이다. 해외 선교를 위해 가장 위험한 지역이라고 생각되는 곳이 아프가니스탄이었을 것이다.

해외 선교를 위한 경쟁이 격화된 데에는, 선전 효과 이외에 부목사에게 해외 선교 활동이 교회 일을 주도할 수 있는 몇 안 되는 기회라는 요인이 있다고 히데무라는 지적한다(히데무라, 앞의 논문). 단일 교회가 거대화되면서 부목사가 주일 예배 때 많은 신자 앞에서 설교하는 것은 기본적으로 허락되지 않는다. 그들은 평상시에 담당 지역 신자의 목회를 담당한다. 독립해서 새로운 교회를 세우지 않는 한, 그들이 목회자로서 스포트라이트를 받을 기회는 별로 없다. 즉 해외 선교는 개신 교회 내부의 필요에 의해 촉진된 측면도 있음을 알 수 있다.

한국 교회의 해외 선교에 대해서는 국내 신자 수의 현저한 증가를 더 이상 기대할 수 없기 때문에 해외 선교에서 타개책을 구하는 것이라는 견해도 있으나, 이는 별로 설득력이 없다. 왜냐하면 서울 지역과 관련해서 살펴본다면 확실히 신자수의 증가에는 한계가 있을 수 있으나, 국내의 기독교 수용도에는 지역 차가 있기 때문에 전국적으로 본다면 증가의 여지가 아직 있다고 생각되기 때문이다.

또한 해외 선교의 장벽으로서, 교회에 따라 정도의 차이는 있으나 한국 개신교가 민족 종교화하는 측면을 들 수 있다. 한국화된 개신교를 해외에 있는 외국인에게 포교했을 때 과

연 얼마만 한 성과를 올릴 수 있는가는 의문이다. 이문화(異文化), 특히 이슬람교 국가에서 실제로 수용될 가능성은 극히 적을 것이다. 아프가니스탄 인질사건은, 오랜 세월에 걸쳐 계속되고 확대되어온 해외 선교가 실제적으로 어떤 면에서는 국내용 선전에 불과하게 되었음을 나타내고 있다.

인질사건이 일어나기 전의 일이지만, 2006년에 한국의 개신교 선교 단체가 아프가니스탄에서 대규모 전도 집회를 계획했는데, 너무나 위험한 집회라는 한국 정부의 설득을 받아들여 중지한 일이 있었다. 그들의 행동은 위험을 동반하는 지역에서 열심히 선교하는 사람들을 더욱 위험에 빠뜨리게 된다는 비판이 국내에서 일었다. 신자의 대규모 집회는 한국이나 미국에서는 종종 개최되지만, 세계적으로 보면 꼭 일반적이라고는 할 수 없다. 더구나 이슬람권에 대한 기독교 포교에는 여러 문제가 따를 뿐만 아니라, 이슬람교도 측에서 봤을 때 이교도의 대규모 집회가 커다란 알력을 불러일으키리라는 것은 쉽게 상상할 수 있다. 이슬람교에서 기독교로의 개종은 극히 어렵다고 하는데도 그러한 정황을 고려조차 하지 않는다. 한국 개신교의 문제는 교회 확대와 더불어 이미 국내의 문제에 국한되지 않게 된 것이다.

5
재외 한국인 교회

재외 한국인의 기독교

한국 교회의 세계 진출은 해외 선교를 목적으로 하는 것만은 아니다. 최근 한국인이 해외로 진출함에 따라 그들을 위한 교회가 일본을 포함한 세계 각지에 세워지고 있다.

한국에서는 근래의 경제 발전을 배경으로 해외 이주열이 높아졌다. 특히 영어권 지역에 인기가 집중되고 있다. 미국과 캐나다의 인기가 특히 높고 오스트레일리아와 뉴질랜드가 그 다음이다. 한국인이 이주라는 형태로 해외로 확대해가는 현상은, 고국을 떠나 각지로 흩어져 있는 유대인에 비유하여 '코리안 디아스포라'라고 불릴 정도이다.

또한 한국은 교육열이 높아 입시 경쟁이 매우 치열하다. 입시 경쟁은 서울 대학을 정점으로 하는 대학 입시에 집약된다. 일본에서 외국의 학력이 높이 평가되는 일은 일부를 제외하면 최근의 경향이지만, 한국에서는 외국, 특히 미국의 학력이 높이 평가된다. 따라서 미국 등지로의 해외 유학이 매우 활발하다.

근자에는 한국인 유학생의 저연령화가 눈에 띈다. 입시 경쟁을 회피하기 위해 그리고 국내보다 평가가 높은 외국 학력을 손에 넣기 위해 부모들이 경제적으로 무리를 해서라도 아이들을 일찌감치 미국 등으로 유학시키려고 하는 것이다. 최근에는 초등학생, 중학생의 해외 유학도 결코 드문 일이 아니다. 어머니가 자녀의 해외 유학에 따라가고, 아버지가 한국에 남아서 일하며 외국에 있는 가족에게 송금하는 것이 사회 현상까지 되었다. 이러한 해외 유학이 한국 경제를 압박하는 원인의 하나라고도 지적되고 있다(시게무라 도시미쓰, 《'오늘의 한국·북한'을 아는 책(今の韓國·北朝鮮'がわかる本)》).

코리안 아메리칸과 기독교

한국계 미국 이주자는 '코리안 아메리칸'이라 불리는데, 재외 중국인을 지칭하는 화교를 본떠서 '한교(韓僑)'라고도 불린다. 현재 코리안 아메리칸은 150만 명을 넘어섰다. 그들 대부분은 미국에서 태어난 것이 아니라 한국에서 태어나 1970년대 이후 미국으로 이주했다. 그들 가운데는 기독교도가 많고 그 비율은 본국보다도 높다고 한다. 기독교 신자가 많은 서울을 비롯한 대도시로부터 이주한 사람이 많은 것이 그 원인 중 하나라고 생각된다.

원래 기독교인이 아니었던 코리안 아메리칸 가운데 약 40퍼센트가 미국에 간 후에 교회를 다니게 되어, 현재 미국 주재 한국인의 약 70퍼센트가 기독교인이라고 추정된다. 그들 대다수가 당연한 것처럼 한국계 교회에 다니고 있는데, 이는 미국 주재 아시아계 인종 중에서 특이한 현상이다. 예를 들어 미국 주재 필리핀인의 80퍼센트 이상이 가톨릭 신자이나, 그들 대부분이 미국인 교회에 다니고 있다. 중국인과 일본인 기독교 신자도 대부분 미국 교회에 다니는 것이 보통이다.

미국 개신교회에서는 보통 일요일 오전에 예배를 드린다. 따라서 오후에는 교회를 사용하지 않기 때문에 한국 교회가 건물을 빌려서 코리안 아메리칸을 위한 한국어 예배를 드리곤 한다. 교회 건물을 외국인 신자에게 빌려주는 것도 그 교회로서는 포교 활동이 되기 때문에, 개중에는 한국인에게 좋은 조건으로 빌려주는 경우도 적지 않다. 또한 미국에는 이미 신자가 없어져 유지할 수 없어 폐쇄 아닌 폐쇄를 한 교회도 적지 않다. 이러한 폐교회 건물을 코리안 아메리칸 교회가 매입하여 재사용하는 사례도 있다. 최근에는 많은 한국계 교회가 미국에서 교회 건물을 이전하거나 경쟁적으로 신축 사업을 벌이고 있다. 이렇게 확대한 결과, 미국에는 한국계 개신교회가 4000개 이상이나 존재한다.

한국어를 모르는 2세, 3세를 위한 영어 예배도 드리고 예배 후에 어린이들에게 한국어를 가르치는 주일 학교가 열리는 곳도 있는데, 이러한 미국 내에서 한국어 교육이 행해지는 드문 장소가 된다. 또한 식사가 무료로 제공되는 곳도 많다. 한식을 먹을 수 있는 기회가 되기 때문에 외국에 살면서 한식에 굶주린 독신 유학생에게 이 또한 커다란 매력이다.

그들에게 교회는 정보를 교환하는 장소일 뿐만 아니라, 일상생활의 중심이 되기도 한다. 교회는 주일 예배말고도 새벽 예배를 비롯한 다양한 행사를 열기 때문에 많은 신자가 그때마다 교회에 모인다. 이러한 교회가 그 지역의 코리안 아메리칸의 공동체를 형성하는 데 도움이 되고 있다. 따라서 열심인 신자가 아니더라도 단지 한국인을 만나기 위해 일요일마다 교회에 출석하는 사람이 상당수 있을 정도이다.

경상대학교 교수 이전(李錢)은 미국의 한국계 교회가 담당하는 중요한 역할을 지적하고 있다. 교회가 일반 신자에게 부여하는 장로·권사·집사·구역장 등 다양한 직분은, 보수는 없으나 일종의 사회적 지위 내지 명예로 간주되는 경향이 있다. 대부분의 한국인 이민 1세는 한국에서 대학을 졸업했더라도 언어 문제 등으로 미국에서 블루칼라 직업을 갖고 있다. 대부분의 한국인은 직업상 명칭보다도 장로·권사·집사·구역장 등의 교회 직책에 의한 칭호를 사용함으로써, 이것이 그들의 사회적 명성에 대한 욕구를 충족시키는 면이 있다고 한다.

한편으로 미국의 한국계 교회에서는 본국과 마찬가지로 교회의 분열 현상, 그리고 사회나 한국인 공동체에 대한 봉사 활동보다 교회의 확대에만 힘쓰는 경향이 문제점으로 지적되고 있다. 어쨌든 현재의 상황에서는 교회가 한국의 언어와 문화 계승을 위한 중요한 거점이 되고 있다. 그들이 한국인의 전통과 문화를 계승할 수 있는지 없는지는 한국인 이민 1세와, 유소년기에 이주한, 이른바 1.5세, 그리고 미국에서 태어난 2세가 한국인 교회에서 맡는 역할과 관여하는 방향에 달려 있을 것이다(이전, 〈한국인 이민교회의 성장과 그 기능에 관한 연구〉).

제 2 장

천주교 전파와 조선 서학

18세기 신앙집회

1
한국 기독교 전래의 특징

한국 천주교의 기원

한국에서 전근대 기독교의 역사는 천주교의 역사이다. 이 장과 다음 장에서는 한국 천주교가 어떠한 발자취를 보여왔는지 그 역사를 개관해보려고 한다.

기독교가 동아시아에 전파된 것은, 7세기 당나라 중국에 네스토리우스파 기독교가 '경교'로서 전파된 것이 최초이다. 네스토리우스파는 5세기 네스토리우스(381?~451?)라는 인물에 의해 설립된 기독교의 종파이다. 431년에 개최된 에페소 공의회에서 이단이라는 판결을 받았기 때문에 로마제국에서 박해를 받아 동방으로 진출한 것이다.

네스토리우스파가 중국 당나라에 전파된 사실은 그 이후 중국에서도 오랫동안 잊힌 상태였으나, 17세기 전반에 산시성(陝西省) 시안(西安) 교외에서 '대진경교유행중국비(大秦景教流行中國碑)'가 땅속에서 우연히 발굴됨으로서 주목받게 되었다. 이 비의 발견은 기독교가 중국 당나라에 전파되어 있었음을 증명하는 것으로, 당시 중국에서 포교활동을 하고 있던 예수회 선교사들에게 커다란 충격을 주었었다. 한국에서는 이 경교가 한반도에도 전래되었을 가능성이 일설로 제기되고 있다.

한국 교회의 특징

한국 개신교회 연구자인 연세대학교 유동식 명예교수에 의하면 한국 기독교의 출발점에 몇 개의 특징이 있다고 한다(유동식,《한국종교와 기독교》). 이 특징은 다음과 같은 것이다.

① 천주교(로마 가톨릭)에서부터 출발했다. ② 외국인에 의한 포교가 아니라 한국인이 자발적으로 수용했다. ③ 지식인 계급에 먼저 침투했다. ④ 문서와 학문을 통해 수용되었다.

이상의 네 가지 특징을 자세히 살펴보자.

첫 번째 특징으로 로마 가톨릭에서부터 출발한 점에 대해

대진경교유행중국비

서는 일본이나 중국의 경
우와 같다. 이 3국의 가톨
릭 전파에는 예수회가 깊
이 관여하고 있다. 그러나
두 번째 특징인 국민에 의
한 기독교의 자주적인 수
용은 한국 특유의 현상이
다. 일본에서는 1549년 예
수회의 프란시스코 사비에

르가 최초로 포교를 시작했는데, 한국에서는 1784년에 이승
훈(1756~1801)이 베이징에서 세례를 받고 최초의 신자가 된
것을 기원으로 하고 있다. 따라서 천주교의 기원은, 외국인
선교사의 포교에 의한 것이 아니라 한국인이 조선 시대에 기
독교를 주체적으로 선택했다고 간주되고 있다.

　세 번째 특징으로 지식인 계급이 먼저 수용했다는 점은 '위로부터의 포교', 즉 지배 계급으로부터 아래로 순서적으로 포교해가는 예수회의 포교 방침과 동일한 결과를 초래하고 있다. 이는 일본이나 중국에서 이뤄진 가톨릭 확대 방식과 공통된다고 할 수 있다. 외국인 선교사에 의한 포교의 결과는 아니라고 하더라도, 예수회 선교사가 중국에서 출판한 서적을 보고 조선의 지식계급이 기독교를 수용했다. 이 점은 네 번째 특징인 문서나 학문을 통한 수용과 밀접한 관계가 있다. 조선 지식인은 중국에서 만들어진 예수회 계열의 한역 서학서를 읽음으로써 기독교에 관한 지식을 습득했는데, 이는 기독교가 당초에 서양 학문으로서 받아들여졌음을 의미한다.

한국 전래

바티칸은 한국 가톨릭이 18세기 후반에 한국인이 자주적으로 수용하기 시작했다고 간주한다. 그리하여 이러한 기원을 가진 한국 교회는 기독교 역사상 유일하고 특이한 존재라고 한다. 전 로마 교황 요한 바오로 2세(재위 1978~2005)는 1981년 일본 방문에 이어 한국에는 1984년과 1989년에 방문했다. 교황은 제1차 한국 방문 때 한국 교회 200주년 기념 대회에 참석하여 조선 시대의 순교자 103명을 성인으로 시성했다.

200주년이라 함은 1784년에 베이징(北京)에서 이승훈이 세례를 받은 지 200년이 지났음을 의미한다.

 가톨릭의 한국 전래에 관해 실제로 확인할 수 있는 가장 오래된 사례는, 16세기 말 도요토미 히데요시(豊臣秀吉, 1537~1598)가 임진왜란을 일으켰을 때 예수회 선교사가 일본에서 한반도로 건너간 일이다. 일본에서는 연호를 써서 문록(文祿)·경장(慶長)의 전쟁(1592, 1597)이라고도 부르는데, 한국에서는 12간지를 써서 임진왜란과 정유재란이라고 부른다. 최근에는 일본인 연구자들 사이에도 한국의 명칭을 사용하는 경우가 많아졌다. 가톨릭이 한반도에 전해진 것은 임진왜란 때이다. 그러나 이 사실은 한국에서는 별로 환영받지 못한다. 이를 한국 교회의 기원으로 한다면 1784년 베이징에서 세례받은 이승훈이 최초의 신자라는 견해에 저촉되는 것이다. 더구나 가톨릭이 일본의 침략 전쟁을 계기로 전파됐을지도 모른다고 하게 되면 이 사실은 한국 교회에 커다란 문제가 된다. 그럼 이 문제를 둘러싼 경위와 해석을 살펴보자.

2
임진왜란과 천주교

일본에서 조선으로

사료적으로 확인 가능한 한에서 1578년에 포르투갈인이 표
착한 사례를 제외하면 한반도에 도착한 첫 유럽인은 스페인
사람인 예수회 신부 그레고리오 데 세스페데스(1551경~1611)
이다. 임진왜란 때 그는 일본의 제1군을 지휘한 기리시탄(가
톨릭) 영주 고니시 유키나가(小西行長)의 종군사제 역할을 하
기 위해 그를 따라 한반도로 건너왔다.

세스페데스는 1551년경 스페인 마드리드에서 태어났다.
1569년 살라망카에서 예수회에 입회한 후, 아시아 포교를 꿈
꾸며 1575년에 인도를 경유하여 마카오에 도착했고, 1577년

에 일본에 도착했다. 정확한 연월일은 알 수 없으나 일본에서 사제로 서품받았을 것이라고 생각된다. 1592년 11월 1일 나가사키의 하치라오(八良尾)에서 최종서원(교황에게 특별한 충성을 맹세하는 예수회 특유의 네 번째 서원)을 한 것이 확인되고 있다. 그는 한반도에 건너간 예수회 신부로서 유명하지만, 당시 예수회에서 그에 대한 평가는 그렇게 높지는 않았던 것 같다. 일본에서 눈에 띄는 직책에 있었던 것도 아니고, 예수회 간부나 신학자에게 요청되는 예수회 협의회나 준관구회의에 출석하지 않았다.

예수회 일본 준관구장 베드로 고메스(1535~1600)는 조선에 출병하는 가톨릭 신자를 위해 세스페데스를 파견하기로 했다. 1593년 12월 세스페데스는 일본인 수도사인 한칸 레온과 함께 묵포에 도착했다. 한칸은 일본 이름이라고 생각되는데 한자는 알려져 있지 않다. 그는 시모사국(下總國: 현재의 지바 현)에서 태어난 전직 승려였다. 의학 지식을 가지고 있었다고 한다. 게이오대학(慶應大學) 문학부 교수 야나기다 도시오(柳田利夫)에 의하면, 이 시점에서는 그들이 조선에 간 목적은 일본 군인 신자들에 대한 사목이었으며 예수회로서도 조선 포교의 의지는 없었다고 한다(야나기다 도시오, 〈문록·경

장의 변과 기독교 선교사(文祿·慶長の役とキリスタン宣教師)》). 세스페데스는 가톨릭 영주 고니시 유키나가를 비롯한 일본인 신자의 사목을 위해 파견된 것에 불과했던 것이다. 세스페데스를 파견한 경위는 포르투갈인 예수회 신부 루이스 프로이스의 《일본사》에도 기록되어 있다(마쓰다 기이치·가와사키 모모타 옮김, 《히데요시와 문록의 변(秀吉と文祿の役)》).

교회 측의 기록으로서는 파리외방선교회의 편찬자인 샤를르 달레가 1874년 파리에서 프랑스어로 출판한 《조선교회사》가 알려져 있다. 이 책은 18세기 후반부터 달레의 동시대까지의 약 100년간의 역사를 기록한 것이다. 달레는 동아시아 지역에 파견된 파리외방선교회 선교사의 편지나 보고서를 기초로 조선과 관련된 기사를 엮었다. 이 책의 서문은 일본어로도 번역되어 있다(김용권 옮김, 《조선사정(朝鮮事情)》).

19세기에는 파리외방선교회가 조선 선교를 담당하고 있었는데, 풍부한 사료를 남긴 예수회와 달리 달레의 저작을 통해서 당시의 모습을 짐작해볼 뿐이다. 더구나 달레는 실제로 조선에 간 적이 없기 때문에 이 책은 정리된 사료라고 하더라도 사료적 가치가 높다고는 말하기 어렵다. 세스페데스의 행동은 한국 측 사료에서는 확인되지 않는다. 그는 한반도에 건너갔으나 어디까지나 종군사제에 불과했고, 실제로 현지 사람들에게 포교 활동을 하지는 않았다고 생각된다.

루이스 데 메디나의 연구

한국 학계에서는 세스페데스가 임진왜란 때 조선에 온 사실이 어느 정도는 알려져 있다. 식민지 하의 일본인 연구에 의해 그런 사실이 있었다는 것은 알려져 있었다. 그 대표로 야마구치 마사유키(山口正之, 1901~1964)의 연구가 있다. 야마구치는 식민지 하의 조선에서 태어나 경성제국대학(서울대학교의 전신) 법학부를 졸업한 후 평양고등여학교 교사, 경성중학교 교사를 역임한 사람이다. 그는 임진왜란 때 세스페데스가 조선에 온 것을 그의 책에 기술하고 있으나, 이승훈의 세례를 조선 천주교의 시작으로 보고 있다(야마구치 마사유키, 《조선 서학사(朝鮮西教史)》).

그 후 한국인 연구자들도 세스페데스를 두고 한국이 가톨릭과 접촉한 최초의 사례로 간주하고 있다. 조선 왕조가 임진왜란 때 가톨릭과 접촉했으나 전파에는 이르지 못했다고 보는 것이다. 그러나 임진왜란과 가톨릭의 관계를 미지의 교회 사료를 사용하여 상세히 조사하고 임진왜란이 한국 교회의 기원이라고 하는 연구자가 나타나자, 한국 역사 연구자들은 강한 거부반응을 보였다. 그 연구자라 함은 스페인인 예수회 신부 호안 루이스 데 메디나(1927~2000)이다.

루이스 데 메디나는 1927년에 스페인 마드리드에서 태어나 예수회 계열의 교육기관에서 공부한 후 20대에 일본으로 건너갔다. 사제로 서품받은 후 서일본을 중심으로 교육과 포교 활동에 종사했다. 야마구치 교회(山口教會)의 사비에르 교회자료관 설립에 힘쓴 경력을 가지고 있다. 그 후 로마에 부임하여 본부 내에 있는 예수회 역사연구소에서 예수회의 일본 관계 사료를 편찬하고 출판하는 일을 담당했다. 로마 부임 직후부터 조선 가톨릭 연구에 착수하여, 임진왜란 때 일본에서 한반도로 천주교가 전파된 것임을 로마 예수회 문서관 소장의 '일본·중국부(日本中國部)' 문서를 가지고 해명했다.

메디나는 예수회의 조선 포교에 관한 연구서의 스페인어판을 1986년에 로마의 예수회 역사연구소에서 출판하였고, 그 후 이를 직접 번역·증보한 일본어판《머나먼 고려(遙かなる高麗)》를 출판했다. 이 저서는 스페인어판 출판 직후에 한국외국어대학교 스페인어학과 박철 교수에 의해 한국어로도 번역되었다. 또한 박철은 세스페데스의 편지를 기초로 하여 그에 관한 저작을 출판한 바 있다.

조선인 순교자

임진왜란과 정유재란으로 많은 조선인이 포로로 일본에 끌려갔다. 그들 중에는 가톨릭 신앙을 받아들인 사람이 많았다. 루이스 데 메디나는 그들에 관한 사실을 세밀히 조사하여 상세히 기술하고 있다(루이스 데 메디나, 《일본 순교록(日本殉教錄)》).

　1867년 7월 7일 로마에서 일본 순교자 205명이 시성되었다. 그 가운데 한반도 출신자가 적어도 9명 포함되어 있다. 그들의 관한 기록은 예수회를 비롯한 가톨릭교회 사료에서만 볼 수 있다. 예수회는 도요토미의 조선 침략에 의해 한반도에서 잡혀온 사람들에게 관심을 기울이고 그들을 돌봐주는 한편, 가톨릭 신앙을 전했다. 일본 준관구장 베드로 고메즈는 그중에서 유능한 사람에게 기독교 교리를 가르치고 교리 요약문과 기도서를 조선말로 번역하게 했다. 그 결과로 다수의 한반도 출신자가 가톨릭 신자가 되어 1594년에 2000명 이상이 세례를 받았을 정도였다(루이스 데 메디나, 《머나먼 고려》). 1610년에 나가사키에 성 로렌소 교회라고 하는 최초의 조선인 교회가 세워졌는데 가톨릭 금지령에 의해 1620년에는 파괴되었다(앞의 책). 그들 가운데는 예수회에 들어간 사람도 있었고, 수녀가 된 여성도 있었다. 예를 들어 박마리나라는 여성은 1612년에 '미야코의 수녀'라는 여자수도회에 들어가 수녀가 되었다. 1614년에 필리핀으로 추방되어 1636년에 필리핀에서 사망했다.

조선 출신의 첫 순교자는 평신도인 하치칸(八官) 호아킨이었다. 하치칸은 일본 이름이었다고 생각된다. 그는 '콘프라리아'라고 불리는 가톨릭 신자 조직의 책임자였고 신망 받는 인물이었을 것이다. 프란시스코회의 신부를 재워주었다는 이유로 체포되어 1613년 8월 16일에 도쿄 아사쿠사 근처의 도리고에(鳥越)에서 참수되었다. 그 다음해에는 시마바라(島原) 반도의 구치노쓰(口之津)에서 한반도 출신의 미카엘과 베드로라는 두 사람의 평신도가 고문을 당한 뒤 순교했다.

예수회 신부 베드로 모레혼은 한반도에서 포로로 잡혀온 많은 사람들에게 세례를 주었는데, 그 가운데 두 명의 소년이 있었다. 가톨릭 신자인 히비야(日比屋) 비센테가 모레혼에게 열두세 살 된 조선인 소년을 소개했다. 1592년 말에 이 소년은 모레혼에게 세례를 받았다. 이 소년은 카운 비센테라는 이름으로 예수회에 입회했다. 그는 일본인뿐만 아니라 한반도 출신자를 대상으로 포교와 사목을 담당했다. 그 활동이 훌륭하게 평가되어 베이징으로 파견되었는데, 이는 예수회가 베이징에서 한반도로의 포교를 고려했기 때문이었다고 생각된다. 1620년 가톨릭이 금지된 상태의 일본으로 잠입했으나 1626년 6월 20일에 시마바라에서 화형당했다.

또 다른 소년 가요(Caius)는, 예수회에 입회한 후 1614년에 추방을 선고받은 다카야마 우콘(高山右近)의 시중을 자청해 우콘과 함께 마닐라로 추방되었다. 우콘이 죽은 후 나가사키(長崎)에서 예수회 전도사로 일하기 위해 일본에 되돌아왔다. 몇 년 후 예수회 수련자가 될 것을 허락받았으나, 1624년 11월 15일 나가사키에서 화형당했다. 이들은 모두 복자(福者)로 시복되었다.

한반도 출신의 순교자는 그 이후에도 이어졌다. 루이스 데 메디나에 의하면 확인 가능한 기리시탄 시대(1549년에 일본에 가톨릭이 전파된 이후 에도막부에 의한 금교령이 실시되기까지의 약 100년간) 최후의 한국인 순교자는 예수회 전도사 토마스라고 한다. 토마스는 가톨릭 금지령에 의해 일본에서 추방된 예수회 신부를 따라 캄보디아까지 가서 그 지역의 일본인 신자

를 돌본 후, 1642년 마닐라에서 목숨을 건 일본 입국을 시도
한 일본·중국 순찰사 안토니오 루비노 일행에 자원하여 참
가했다. 그리고 그는 루비노 일행과 운명을 함께하게 되었다.
1643년 3월 20일 나가사키에서 구덩이에 거꾸로 매달아 죽
는 형벌을 받아 사망했다.

가톨릭 신자 오타 줄리아

한반도 출신의 가톨릭 신자로 오타(大田) 줄리아라는 여성이
있다. 그녀에 관한 사료는 한국과 일본에는 없으나, 예수회
선교사가 집필한 유럽의 사료가 존재한다. 루이스 데 메디나
는 이처럼 새로운 사료들을 발굴함으로써 그녀에 관한 전승
의 오류를 정정했다.

오타 줄리아는 도요토미의 조선 침략 때 포로가 되어 일본
에 끌려갔다. 일본에서 가톨릭 신자가 되어 박해에 굴하지 않
고 신앙을 지키며 헌신적으로 포교하다가 일생을 마친 여성이
다. 그녀에 관한 한국 측 자료는 전무했으나, 루이스 데 메디
나 등의 연구에 의해 그녀가 한반도 출신이라는 것이 일본에
서도 알려지게 되고 한국 가톨릭교회도 주목하게 되었다.

그녀의 이름은 예수회 사료에 의하면 세례명이 'Julia', 성

이 'Ota(또는 Vota)'라고 기록되어 있다. 따라서 한자명은 정확히 알 수 없으나 '大田 줄리아'라고 알려져 있으며, '오타아 줄리아'라고 불리기도 한다. 그녀의 출생지에 대해서는 한반도라는 것 이상은 알 수 없다. 태어난 해에 관해 여러 가지 설이 있으나, 서울대학교 명예교수 이원순은 예수회의 사료를 통해 그녀가 10대 중반에 일본군의 포로가 되었다고 추정한다. 고니시 유키나가의 배려로 그의 딸 마리아가 시집 간 쓰시마(對馬島)로 보내졌다가, 그 후 구마모토(熊本)의 우토성(宇土城)에 보내졌다. 고니시 유키나가의 아내 유스타 아래에서 1596년 5월에 예수회의 신부 베드로 모레혼에게 세례를 받고, 줄리아라는 세례명으로 불렸다. 모레혼은 그녀가 고즈시마(神津島)에 유형 보내진 시기에 종종 그녀로부터 편지를 받았고 기록을 남겼다. 그 가운데에는 모레혼이 유럽인들에게 보이기 위해 그녀의 편지를 로마자로 세심하게 옮긴 것도 있다.

1600년의 세키가하라 전투 후 줄리아는 도쿠가와 이에야스(德川家康)의 시녀로 일한 것 같다. 이에야스가 은거한 슨푸(駿府) 성에서도 신앙을 지키며 일했다. 1612년 가톨릭 금지령에 의해 이에야스 주변의 가톨릭 신자가 하나둘 체포되었는데 줄리아도 그해 4월에 오시마(大島)로 추방되었다. 그 후 니이지마(新島)를 거쳐 6월 중순부터 고즈시마에 유배되었다. 이전에는 줄리아가 1652년에 유형의 몸인 채로 고즈시마에서 죽었다고 여겨졌으나, 예수회 사료를 통해 1615년 이후에 해방되고 나서 일본 본토로 되돌아가 나가사키나 오사카(大阪) 등 일본 각지에서 포교 활동을 헌신적으로 도왔음이 밝혀졌다.

루이스 데 메디나는 이에야스가 죽은 1616년 봄에는 줄리아가 해방되었다고 추정하기 때문에, 여기에서부터 거꾸로 계산해보면 고즈시마로 유배된 기간은 약 4년이 된다. 루이스 데 메디나의 연구에 의하면, 1622년 2월에 줄리아가 오사카에 있었다고 전하는 기록이 그녀에 관한 최후의 기록이라고 한다. 그녀가 언제 어디에서 죽었는가는 명확하지 않다. 고즈시마에는 오타 줄리아에 관한 전승이 '오타 사마 숭배'라고 불리는 민간 신앙과 함께 전해지고 있다. 1970년 이후 매년 5월에 고즈시마에서는 '줄리아 축제'가 개최되고 있다. 줄리아 축제의 개최로 의해서 오타 줄리아는 교회사상 영웅적 가톨릭 신자로서 각광을 받게 되었다. 줄리아 축제는 제5회까지 고즈시마가 주최했고, 제6회에는 가톨릭 도쿄교구의 '오타 줄리아

표경회(表慶會)'가 참가하게 되었다. 그 후 표경회가 해산됨에 따라 고즈시마가 단독으로 개최하고 있다. 그녀가 한반도 출신이라는 것이 널리 알려진 후부터는 한국의 순례단도 줄리아 축제에 참가하고 있다.

3
한국 교회의 기원을 둘러싼 논쟁

루이스 데 메디나에 대한 비판

루이스 데 메디나의 연구는 지금까지 부분적으로만 알려졌던 사실을 상세히 해명한 획기적인 것이었다. 그는 1592년에서 1593년경이 한국 교회의 탄생 시기라고 설명하고, 1620년대에 일본에서 개종한 조선인이 고국에 돌아간 사례가 있다고 추정한다. 나아가 이 시기를 한국 교회의 '첫 열매'라고 불렀다.

　루이스 데 메디나의 연구는 한국에서 커다란 반향을 불러일으켰다. 반향이라고 해도 그 대부분은 그의 견해에 대한 비판 내지는 비난이었다. 한국 측의 사료에서 교회가 존재했다는 흔적은 확인되지 않는다. 그럼에도 그것을 한국 교회의 기원이라고 하는 점이 문제시된 것이다. 또한 한국의 주요 종교가 된 기독교의 기원이 일본의 침략 전쟁에 의해 전파된 것이라는 말이 되기 때문에, 한국인 가톨릭 신자로서 이 사실을 받아들이기에 심리적 저항이 있는 것은 당연할지도 모른다. 이들 비판은 학문적인 것에서부터 감정적으로 보이는 것까지 다양했다.

예수회의 세스페데스에 대해서도 최초로 조선으로 건너간 유럽인으로서 이미 그 이름이 한국에도 알려져 있었다. 그러나 그가 조선에 건너갔다는 사실이 명확한 형태로 제시되고 그것이 한국 교회의 첫 열매라고 간주되는 것에 강한 저항감이 일어난 것이다. 임진왜란 이후 한반도에 가톨릭이 확대된 사실이 없고, 더구나 도요토미의 조선 침략과 중첩되는 굴욕적인 역사라는 것이 문제를 어렵게 하고 있다.

한국 가톨릭의 주체적 수용론은 앞에서 말한 달레의《조선교회사》에서 유래하는 것이다. 달레는 이승훈의 세례로부터 그의 저서 본편의 기술을 시작하고 있는데, 그 책에도 세스페데스에 관한 기술이 보인다. 달레는, 세스페데스가 1593년에 일본인 수사를 동반하여 조선으로 가서 일본군 진지에서 세례를 주고 신자들에게 영성체를 했는데, 다른 장군의 모함 때문에 일본으로 귀환하게 되었다고 설명하고 있다. 달레는 세스페데스의 활동이 일본군 내부에 한정되었다고 간주하기 때문에 조선 가톨릭 교회의 기원을 그 시기까지 거슬러 올라가지 않았다. 현재 한국 교회는 기본적으로 달레의 견해를 따르고 있다.

이원순의 비판

루이스 데 메디나의 견해를 치밀하게 검토하여 비판한 사람은 서울대학교 이원순 명예교수이다. 조선 서학사 연구자로 알려져 있고, 《조선 서학사 연구》, 《한국 천주교회사 연구》 등 다수의 한국어 저서가 있다. 이원순이 루이스 데 메디나의 견해에서 특히 문제시한 점은 도요토미의 조선 침략 시기를 한국 교회의 기원으로 간주한 점이다.

이원순은 2001년 12월 조치대학에서 개최된 기리시탄 문화 연구회 주최의 강연회에서 '루이스 데 메디나 신부의 한국 가톨릭 교회사 연구'라는 제목으로 일본어 강연을 했다. 이는 일본어 논문으로는 발표되지 않았으나, 후에 이원순의 한국어 논문집 《한국 천주교회사 연구(속)》에 수록되었다. 이원순의 기본적 인식은 다음 문장에 나타나 있다.

(세스페데스가) 조선 현지에서 빈사지경의 유아들에게 대세(代洗)를 준 일이나, 일본으로 연행된 조선인 소년의 영세(領洗)에 관한 일들은 한국 학계에서도 잘 알고 있는 사실이다. 뿐만 아니라 일본 땅에서 그리스도 신자가 된 조선인이 이들 이외에도 수천 명이 있음을 잘 알고 있다. 다만 우리들 한국 교회사 학계에서는 그들 조선인 기리시탄이 한민족임에는 틀림이 없으나, 그들의 그리스도교인으로서의 생활과 활약은 일본 기리시탄사의 범주에 속하는 것이지 한국 교회사의 일부일 수는 없음을 인식하고 있는 것이다(《한국천주교회사연구(속)》).

이원순은 조선인이 교회에 관여하고 있었다는 것만으로 '한국 교회'라고 불리기에는 불충분하며 한국 교회사는 국내 문제로 환원되어야 한다고 주장한 것이다. 이원순은 이 점에 대해 다음과 같은 인식을 표명하고 있다.

다음 또 하나, 메디나 신부가 제기한 한국 교회사에 관한 문제는 일본으로부터 본국으로 귀환한 이른바 쇄환 기리시탄들에 의해 그들의 조국인 조선 땅에 기리시탄 교회가 건설되었으며, 그 교회를 위해 서양 전교사들이 조선에 입국하여 그들의 신앙생활을 교도(教導)하였다는 문제 제기이다. (중략) 이 중대 발언에 대한 한국 교회사가(教會史家)들의 검증 의견은 첫째, 쇄환 조선 포로 가운데 기리시탄이 된 조선인들이 섞여 고국으로 귀환할 수 있는 가능성이 있음을 인정한다. 둘째, 귀국한 조선인 기리시탄들이 있다면 그들이 개인적으로 신앙생활을 지속할 수도 있었을 것이다. 셋째, 그러나 그들 쇄환 기리시탄들이 국내에 아름다운 성당을 건설하였다거나, 일본으로부터 선교회 수도사들을 맞이해 들였다는 주장에 관해서는 사실이 아니라고 부정할 수밖에 없다는 것이다(같은 책).

세스페데스의 조선 도항은 사실로서 인정하지만, 조선 국내에 가톨릭의 기원이 될 만한 영향을 미친 것은 아니라는 말이다. 조선인 귀국 가톨릭 신자가 있었다 하더라도 그들이 과연 조선에 교회를 설립하는 것이 가능했을까? 이원순이 언급하고 있는 것은, 메디나가 지적하는 1666년에 집필되었을 것이라고 추정되는 이탈리아어판 〈일본에 관한 최근 소식〉에 쓰인 다음과 같은 기록이다.

소우키 선장 자신이 "고려에는 대단히 아름다운 교회당이 하나 있으며 신자가 많이 있다"라고 한 것, 그 지방의 주민은 늘상 행하고 있었던 일본에 대한 조공을 거절한 점, 또 거기에는 "유럽의 사제들이 있다"는 점을 확실한 소식으로서 보고하고 있다(《머나먼 고려》).

소우키 또는 사우키는 중국인 선장이라고 한다. 이 시점에서, 기원이 불명확하지만 조선에 가톨릭교회가 있고 유럽인 선교사가 있다는 것이다. 이에 대해 이원순은 다음과 같이 반론하고 있다.

철저한 유교 체제하에서의 조선 왕국에 기리시탄 다수가 존재하고 그들이 집단적인 신앙생활을 공공연히 실천하며 아름다운 성당을 세우고 그들을 위해 서양 성직자가 조선에 건너와 활동하였다면, 조선 측 공사(公私)의 기록에 어떤 형태로든 남아 있어야 할 것이며, 또한 그들의 신앙생활의 흔적이 어떤 형태로든지 간에 눈에 띄어야 할 것이다. 그러나 조선 측에는 그러한 사실을 입증할 기록이나 흔적을 찾을 수 없다. 또한 앞의 다섯 건의 주장에 대해 메디나 신부가 근거로 제시한 증거 기록인 서한 사료들은 모두 '전해들은 이야기'나 '소문'에 의해 작성된 것이어서, 철저한 내적 '사료 비판'을 가한 후에야 연구에 실용될 수 있는 것들이다 (《한국천주교회사연구(속)》).

이원순은, 메디나가 예수회의 사료에 의해 설명한 것이 한국 측 사료에서 대응되는 기사나 흔적이 확인되지 않는 점이 문제라고 지적한다. 더구나 메디나가 제시한 한국 교회의 기원이나 첫 열매에 관한 기사는 풍문 등에 의해 쓰인 것이기 때문에 신빙성이 결여된다고 설명하고 있다. 이원순도 메디나가 밝혀낸 연구의 의의를 부정하고 있는 것은 아니다. 이원순이 문제시한 것은 이러한 가톨릭의 존재가 한반도에 그대로 적용되는가의 여부이고, 이 설명이 메디나의 연구에서는 불충분하다는 것이다.

4
서학과 천주교

서학과 기독교

한국에서는 한국 교회의 기원을 도요토미의 침략 전쟁과 별개의 문제로 하고 있다. 기독교는 중국 베이징에서 조선으로 전파되었다. 애초부터 기독교라는 종교로서 전파된 것이 아니라, 유럽의 학문, 즉 '서학(西學)'으로서 수용되고, 이어서 '서교(西敎)'로 전파되었다. 예수회 선교사들이 '한역 서학서'의 형태로 중국에 전한 유럽 학문이, 17세기 중엽 이후 서학으로 조선에 전해졌고, 그것이 기독교의 수용으로 이어진 것이다. 한역 서학서라 함은 명말 청초에 포교를 위해 중국에 온 예수회 신부들이 유럽 학문과 기독교 교의를 한문으로 번

안 혹은 번역해 출판한 서적을 말한다.

중국 예수회 신부들은 실현하지는 못했으나, 포교를 위해 조선에 들어가는 것을 검토하고 있었다(메디나, 앞의 책). 16세기 말 예수회의 동아시아 포교를 주도한 이는 앞서 일본에 세 번 다녀간 동인도 순찰사 알렉산드로 발리냐노(1539~1606)였다. 이탈리아 사람인 그는 포루투갈인과 스페인인이 다수를 차지하고 있던 일본 예수회 선교사들을 탁월한 균형 감각으로 통솔했다.

1578년 마카오에서 발리냐노는 중국 포교 개시를 지시했다. 그의 명령을 받고 이탈리아인 예수회 신부 마테오 리치(1552~1610)와 미켈레 루지에리(1543~1607)가 마카오에서 중국 포교를 개시했으며, 나중에 그들은 베이징에서 한반도로 가서 포교하는 것을 꿈꾸었다. 그러나 그들이 생각한 조선 포교에는 실현 가능한 요소가 없었고, 구체적 계획으로 발전하지 못했다. 리치가 중국 포교를 위해 중국어로 쓴 교리서 《천주실의(天主實義)》야말로 나중에 한역 서학서로 한반도에 유입되어 지식인들 사이에서 폭넓게 읽히게 되었던 것이다.

소현세자

한국에서는 소현세자(1612~1645)가 기독교와 만난 최초의 인물이라고 한다. 이는 역사적인 사실로 확인되고 있다. 1637년 소현세자는 세자이면서 청나라의 인질로서 당시 청나라 수도가 있던 선양(瀋陽)에 세자빈 강빈과 함께 연행되었다. 그가 조선으로 귀환하기까지 중국에 체재한 기록이 《심양일기》 10권으로 남겨져 있다.

중국 동북 지방에서 건국한 청나라가 1644년에 베이징을 제압함에 따라 소현세자는 선양에서 베이징으로 이송되었다. 베이징에서는 포교를 위해 체재하고 있었던 독일인 예수회 선교사 요한 아담 샬 폰 벨(1592~1666)이 명청 교체기의 혼란한 상황 속에서 기적적으로 살아남았다. 소현세자는 그와 우정을 맺었다. 중국에서는 마테오 리치가 《천주실의》(초판은 1603년 베이징 간행) 등의 기독교 교리서를 이미 저술했고, 그 외에도 자연과학 분야의 한문 서적이 출판되어 있었다. 1644년 11월에 소현세자는 청나라에서 조선으로의 귀환이 허락되었다. 귀국 길에 오르는 세자에게 아담 샬은 그에게 천문, 수학, 천주교에 관한 자신의 저서들과 천주상(성화로 추측됨)을 증정했다. 세자는 서적은 흔쾌히 받았으나 천주상은 되

《천주실의(天主實義)》
푸젠 성 흠일당(欽一堂) 인
쇄. 명말의 판본으로 추정
되지만 간행 연도는 미상.
이 판본의 서명(書名)은 '천
학실의'라고 되어 있다.

돌려 주었다고 한다.

소현세자는 서양 과학에 대해서 높은 관심을 가진 한편, 천
주교에 대해서는 소극적인 자세를 보였다. 그는 조선으로 귀
국한 후 겨우 70일 만에 서거하게 되어 그가 조선 기독교에
미친 영향은 거의 확인되지 않는다. 소현세자의 발자취는 기
독교의 조선 전파보다는 서학의 조선 유입에 관련된 것이었
다. 한국에서는 이 시기의 조선인이 서학을 수용함으로써 기
독교에 대한 이해를 시작했다고 평가하고 있다.

중국으로부터 한반도에

베이징의 아담 샬은 청나라의 흠천감이라는 관청에서 역법

연구에 종사하고 있었지만, 점차 직무의 과중함과 자신의 수학 지식에 한계를 느끼게 되었다. 그는 예수회 총장에게 우수한 젊은 수학자를 파견해달라고 요청했다. 그의 요청에 따라 예수회의 콜레지오(신학대학)에서 공부하고 있던 벨기에 출신의 수학자 페르디난도 페르비스트(1623~1688)가 중국으로 파견되었다. 그는 베이징에서 흠천감 관리로 머물며 강희제(재위 1661~1722) 밑에서 일하게 되었다. 또한 그는 베이징에서 한반도로 가서 포교할 계획을 세운 듯하다. 그의 조선 포교 구상은 실현되지 않았으나, 그는 조선에서 베이징으로 온 사절단과 접촉하였으므로 그 단원에게 세례를 주었을 가능성도 있다. 그러나 한국 측 사료에서 그 이상의 흔적은 확인되지 않는다.

17세기 이후 마테오 리치를 비롯한 예수회 신부들이 한문으로 간행한 한역 서학서가 조선에 유입되었다. 한역 서학서는 이른바 사대외교 관계에 의해 조선이 매년 중국에 파견하던 사신들이 가져온 것이다. 사대외교란 조선이 중국에 복속하는 주종 관계를 말한다. 이렇게 해서 가톨릭의 가르침은 1세기 이상의 세월을 두고 서서히 조선 반도에 유입되었다. 시간이 지남에 따라 다양한 종류의 한역 서학서가 소개되었고, 유교

지식인들 가운데 이문화에 관심을 가지고 이 책들에 개별적으로 접촉하는 사람들이 나타났다. 18세기 중엽부터는 새로운 학문으로서 서학을 연구하는 집단도 나오기 시작했다. 즉 실학운동의 스승으로 알려진 이익(1681~1763)과 그 문하생으로 그의 성호학파에 속하는 재야 지식인들이 서학을 연구하게 되었다. 이러한 학문 활동을 통해서 가톨릭 신앙에 눈뜨기 시작한 사람들이 나온 것이다.

그들은 유학자이면서 당시의 관학(官學)이던 성리학에 의문을 품고 사회에서 그들이 직면한 모순을 타개하고 사회를 개혁해갈 원리를 원시 유교에서 찾고 있었다. 그들은 경학 연구에 몰두하는 가운데 고전의 '천(天)'과 '상제(上帝)'의 개념을 한역 천주교서에서 신을 의미하는 '천주(天主)'의 개념과 일체화시켜 이해하게 되었다. 이렇게 해서 경학 연구로부터 천주교 연구로 나아가면서 기독교에 가까이 가게 된 것이다.

이승훈의 세례

1784년 2월, 조선 사절의 한 사람으로서 청나라에 간 이승훈이 베이징에서 세례를 받았다. 한국에서는 그를 최초의 조선인 세례자로 간주하고 있다. 그는 베이징에서 프랑스인 예수회 신부 장 조제프 드 그라몽에게 세례를 받았다. 그라몽은 1768년에 베이징에 도착한 후 북당(北堂)에 거주하고 있었다. 당시 베이징에는 4개의 천주교회가 있었는데, 각각 동당(東堂), 서당(西堂), 남당(南堂), 북당이라는 명칭으로 불렸다.

이승훈의 세례명은 베드로였는데, 이는 반석을 의미한다. 조선 교회의 초석이 되라는 염원이 담겨 있다고 한다. 1773년의 교황 칙서에 의해 예수회는 해산되었으나, 이승훈이 세례를 받은 시점에 중국에서는 그 명맥이 가늘게 유지되고 있었다. 당시는 파리외방선교회가 중국 포교를 행하고 있었을 뿐만 아니라, 예수회에서도 프랑스인이 주류였다. 북당은 프랑스계 예수회 신부들의 거점이던 교회였다.

1783년 조선의 사은사(謝恩使) 황인점이 베이징에 갔다. 사은사란 중국 황제가 조선 국왕을 책봉한 것에 답례를 하기 위한 사신이었다. 이승훈은 황인점의 서장관(書狀官)으로 베이징에 가는 부친 이동욱을 따라 갔다. 그는 베이징에서 다수의 천주교 및 자연과학 관련 서적을 수집했다. 이승훈은 실학을 존중하는 자세에서 서학에 접근했기 때문에 애초에는 천주교 관련 서적보다 자연과학 서적에 관심이 있었다. 그러나 마침내 천주교에도 관심을 갖게 되어 1784년 2월에 베이징에서 세례를 받았다. 그 뒤 조선에서는 베이징에서 돌아온 이승훈에게 대세(代洗: 사제를 대신해 세례를 베푸는 것)를 받아 신자가 되는 사람이 나오기 시작했다. 이윽고 그들 소수의 신자들에 의해 천주교 신앙공동체가 조직되었다. 이렇게 하여 성립된 초기 조선 가톨릭교회는 성직자가 존재하지 않는 신자들만의 조직이었다.

조선시대 천주교는 초기에 양반(兩班) 계급을 중심으로 수용되었다. 양반이란 조선 왕조 때 과거(科擧)를 통과한 관료로 형성된 지배계급인 동시에 지식계급이다.

조선 왕조에서는 중국의 영향을 받아 관료의 등용 시험인 과거가 행해지고 있었는데, 문과(文科: 통상의 과거)에 의한 문관 집단과 무과(武科)에 의한 무관 집단이 형성되었다. 서열은 중국과 마찬가지로 문관이 무관보다 우위였다. 왕궁에서 국왕 앞에서 문관과 무관이 동서로 열석함에서 비롯하여 '양반'이라는 이름으로 불리게 되었다.

천주교가 당초 종교가 아니라 서학으로서 수용된 경위를 고려한다면 양반 계급에서부터 수용되었음은 쉽게 이해된다. 이것이 서서히 일반 시민에게도 침투되어 마침내 여성들도 천주교를 수용하게 되었다. 이러한 과정을 거쳐 양반 계급의 신앙이 농촌의 일반 서민에게까지 뿌리를 내리게 되는데, 그들은 양반 계급과는 달리 모두가 다 문자를 읽을 수 있는 것이 아니었다. 엄격한 신분 질서 아래에서 사회적으로 억압 당하던 사람들에게 신 앞에서의 평등을 주장하는 천주교의 가르침이 커다란 구원으로 사람들에게 다가갔다고 한다.

조선 천주교의 특징

조선 천주교의 특징으로서 선교사가 부재한 상황에서 유자(儒者)들이 서책을 통해 수용했다는 점을 들 수 있다. 천주교가 서책을 통해 지식인 계급 사이에서 유포된 것은 어떤 면에서 조선 천주교의 존재 형태를 특수하게 하는 요인이 되었다.

예를 들면 조선 말기 가톨릭교회에는 극단적인 금욕주의가 생겨났다. 금욕주의는 성에 관한 문제와 연결된다. 조선시대 교회에 특유한 금욕주의 문제로서 동정과 처녀의 부부를 전제로 한 위장 결혼 사례가 있다. 조선 교회에서는 신자의 동정과 처녀성이 존중되는 경향이 있었는데, 사회적으로는 결혼하지 않는 것이 부자연스러운 것으로 간주되었다. 따라서 사회적으로는 결혼한 것으로 하고 실질적으로는 결혼 생활을 하지 않는, 특히 성적 관계를 가지지 않는 것이 일부에서 행해졌다. 남녀가 함께 실제적으로는 금욕주의를 실천했던 것이다. 이는 그리스도에 대한 뜨거운 자기 헌신으로 동정과 처녀 생활을 실천한 것이라고 여겨진다. 신자들을 지도해야 하는 선교사가 없었기 때문에 이러한 생각을 시정할 기회를 가지지 못했던 것이다. 이 현상은 근대의 개신교회에는 보이지 않는다. 현재는 가톨릭교회에서도 이러한 견해를 오류라고 간주하고 있다.

또 다른 특징으로서 신앙을 받아들였다는 이유로 박해받아 순교한 유학자들의 다수가 같은 정치적 당파에 속하거나 친인척 관계에 있었던 점을 들 수 있다. 천주교에 내재된 체제나 전통에 반대하는 요소 이상으로, 초기의 박해는 정치적 분쟁에 연루되어 일어났던 것이었다. 박해는 18세기 말부터 약 1세기에 걸쳐 행해졌는데, 박해 후반이 되면 순교자 수가 증가한다. 이는 신자 수가 증가하고 있었기 때문이기도 했다. 시간이 흐를수록 조선의 쇄국 정책과 맞물려 외래 종교인 천주교에 대한 박해가 행해지고, 제국주의 아래 조선에 진출한 서양 열강에 대한 저항으로서 박해 규모도 확대되어 갔다. 이 시기 조선 기독교의 역사는 곧 조선 가톨릭교회의 박해와 순교의 역사였다.

박해와 순교

18세기 말 이후로 조선 왕조에 의한 천주교 박해가 간헐적으로 계속되고 있었다. 왕조에 있어 천주교는 반체제적 사상이며 위험 사상으로 간주되었다. 조선 건국 이래 체제교학(體制敎學)이었던 유학은 물론, 쇄국정책에도 커다란 파문을 일으키게 되었던 것이다. 천주교 박해 사건은 중국에서는 '교안(敎案)'이라고 불리는데, 한국에서는 '박해(迫害)' 내지는 '교난(敎難)'이라는 말이 더 자주 사용된다.

1784년에 이승훈이 최초로 세례를 받은 뒤로 조선에서는 많은 유학자가 신앙을 받아들이게 되었다. 1785년에는 서울에 사는 김범우의 집에서 유학자들이 매주 일요일 미사를 드리게 되었다. 이 시점에 사제는 한 사람도 없었다. 같은 해, 관헌이 김범우의 집을 급습하여 그 자리에 있던 양반은 방면했으나, 양반이 아닌 김범우는 체포하였다. 그는 유배형에 처해졌고, 몇 주 후에 사망했다. 그는 조선 최초의 순교자가 되었다. 이미 기독교는 민간에 상당히 보급되어 있었으나, 이 시점에서 조정은 일부 무지한 족속들이 미혹되고 있는 것이라고밖에 생각하지 않았다.

1791년 전라도 진산에서 유학자인 윤지충과 권상연이 조상의 제사를 폐지하고 위패를 불사르는 사건을 일으켰다. 조정은 이를 전통과 체제에 대한 도전이라고 보고, 두 사람을 처형한 뒤 서학서를 불태울 것을 명했다. 이것이 조정에 의한 최초의 천주교 박해로서, 이후 수난의 100년이 시작되는 사건이기도 했다. 이 박해는 같은 해의 간지를 따서 '신해교난(辛亥敎難)'이라 불린다. 이 교난의 영향으로 이승훈은 유배당하고 배교했다고 하며, 천주교를 비난하는 글도 작성했다고 전한다.

이승훈은 유배당하기 전에 조선인들에게 세례를 베풀었는데, 이윽고 그가 베푼 세례의 합법성이 신자들 사이에서 의문시되어, 베이징의 교회에 성직자 파견을 요청하게 되었다. 이 요청을 받아들여 1794년에 중국인 사제 주문모가 조선에 입국했다. 1801년 당시 순조(재위 1800~1834)의 섭정이던 정순왕후가 당파 싸움과 연루해 〈금사교서(禁邪敎書)〉를 발표하고, 기독교에 대한 박해를 시작했다. 이때 주문모가 처형되고 약 3천 명의 신자가 순교했다. 이를 '신유교난(辛酉敎難)'이라고 한다. 일설에 주문모가 조선에 입국했을 때, 앞서 배교한 이승훈이 다시 성사(聖事)를 받으려 했으나 이루지 못한 채 신유교난으로 사망했다고 한다. 그 뒤 1882년 조미수호통상조

약 체결에 이르기까지 약 1세기 간 조정에 의한 천주교 박해가 간헐적으로 일어나서 많은 신자와 성직자가 순교했다.

〈황사영 백서〉

1801년, 정순왕후가 박해를 가하자 천주교 신자 황사영(1755~1801)이 흰 비단(帛書)에 쓴 문서를 중국으로 보내려다가 그 직전에 국내에서 발견되어 체포되고 말았다. 이 문서를 〈황사영 백서〉라고 한다. 종이가 아니라 비단에 쓴 것은 옷 속에 감추어 발각되지 않게 하기 위함이었다. 가로 62센티미터, 세로 38센티미터의 비단에 1만 3311자가 촘촘하게 쓰여 있다.

이 문서에는 조선에서 일어나는 천주교 박해 상황이 언급되고 중국 교회의 원조를 촉구하는 내용이 적혀 있었다. 그리고 무엇보다 충격적이었던 것은, 이 문서에 박해받고 있는 조선 천주교 신자를 구출하기 위해 중국과 서양 여러 나라에 조선을 정치적·군사적으로 제압해달라고 쓴 부분이었다. 이 사건으로 주모자인 황사영은 반역자로서 처형되고, 이에 참여한 100여 명이 순교하고 약 400명이 유배에 처해졌다.

그 뒤 〈황사영 백서〉는 황사영을 취조한 의금부에 보관되

〈황사영 백서〉(뮈텔이 제작한 복제품)

었는데, 이 문서에 관심을 가진 사람은 없었다. 1894년에 이 문서가 발견되었고, 당시 서울에 있던 프랑스인 구스타프 뮈텔 대주교(1854~1933)에게 양도되었다. 이 문서는 1925년 7월 5일 조선 순교자 79명의 시복식을 거행하기 위해 바티칸에 보내졌다(야마구치 마사유키,《로마교황청 고문서관 소장〈황사영 백서〉의 연구(ローマ法王廳古文書館所藏黃嗣永帛書の研究)》). 현재 바티칸도서관에 소장되어 있다. 한국에는 뮈텔 대주교가 바티칸에 보내기 전 해에 작성한 복사본이 절두산에 있는 한국천주교순교자박물관에 보관되어 있다.

5
천주교 포교와 박해

조선 교구 설립과 예수회의 재포교

1831년 9월 9일, 교황 그레고리우스 16세(재위 1831~1846)는 조선 교회의 사제 파견 요청에 응해 조선교구를 북경교구에서 독립시켰다. 이는 획기적인 사건이었다. 그리고 조선 지역의 선교를 가능하게 하는 사목권(司牧權)이 파리외방선교회에 위임되었다. 조선 교회는 중국 포교의 실적이 있던 파리외방선교회를 통해서 베이징으로부터 성직자를 맞아들이게 되었다.

조치대학 문학부 교수인 예수회 사제 가와무라 신조(川村信三)는 근대 예수회의 일본 포교에 관한 연구에서 조선 선교에 관해서도 언급하고 있다. 가와무라는 강연 '예수회 일본 재포교 전사(前史)(1827~1852)—제21대 예수회 총장 로턴이 좌절한 일본 포교 계획'(기리시탄 문화 강연회, 2007년 12월, 조치대학)에서 그 내용을 발표했는데, 이 내용은 논문 〈20세기 일본 예수회사〉(예수회 일본 관구 편, 《100년의 기억》 수록)에 정리되어 있다. 이하 내용을 가와무라의 연구에 의거하여 살펴보자.

1827년 9월 2일 바티칸의 포교성성(布教聖省) 비서장관인 이코니오 주교 피에트로 카프라노는 예수회 총장 루이지 포르티스에게 조선에 선교사를 파견하도록 요청했다. 포교성성은 바티칸 기관 중 하나로, 20세기의 제2바티칸 공의회에서 정식으로 폐지되었고, 현재는 로마에 건물만 남아 있다. 주교 카프라노가 이처럼 요청한 배경에는, 예수회가 일본과 중국에서 거둔 포교의 실적이 있었다. 조선 쪽에서는 1801년의 신유교난에 의해 포교 활동이 약화되었고, 1811년에 조선 교회는 조선에 사제를 파견해줄 것을 베이징 주교와 로마 교황에게 요청하는 서한을 베이징 주재 신부에게 맡기기도 했다.

그러나 예수회는 1773년에 교황 클레멘스 14세(재위 1769~

1774)의 명령에 의해 해산되었다가, 1814년 교황 피우스 7세(재위 1800~1823)에 의해 재건을 허락받은 지 얼마 안 된 상태였다. 총장 포르티스는 재건 직후의 예수회로서는 해외 선교를 할 만한 여력이 없다고 카프라노의 요청을 거절했다. 이 때문에 조선뿐만 아니라 동아시아 포교에 참여가 늦어지는 원인이 되었던 것이다.

1831년 2월 2일에 포교성성 장관이던 추기경 마울로 카페라리가 로마 교황에 취임하여 그레고리우스 16세가 되었다. 마침내 같은 해 9월 9일에 교황은 파리외방선교회의 바르테르미 브류기엘(1792~1835)을 조선 대목(代牧)으로 임명하는 소칙서를 발급하여 조선교구를 북경교구로부터 독립시켰다. 대목이라는 것은 교구로 설정되지 않은 지역에서 주교와 거의 동등한 권리를 가진 가톨릭교회의 직책을 말한다. 파리외방선교회는 17세기 말 이래 중국 포교를 담당해 왔는데, 프랑스계 예수회 신부들로부터 도움을 받는 등 앞서 중국 포교를 담당해온 예수회와 비교적 우호적인 관계를 맺고 있었다. 그러나 1835년 브류기엘은 초대 조선 대목으로서 조선에 부임하던 중에 목적지를 눈앞에 두고 중국 동북 지역에서 사망했다.

가와무라에 의하면, 당시 예수회는 조선, 일본, 중국 포교를 각각 전혀 별개의 것으로 생각하고 있었다고 한다. 1829년 총장 포르티스의 사후에 네덜란드인 얀 필립 로턴(1785~1853)이 44세의 젊은 나이로 총장에 취임했다. 프란시스코 사비에르에게 심취해 있었던 신임 총장은 인도 포교를 개시하고, 염원이었던 일본 선교 준비를 진행했다. 그러나 결국은 전 총장 포르티스가 지난날 바티칸이 요청한 조선 포교를 거절한 것이 화근이 되어 예수회는 동아시아 포교 전반에서 뒤처지게 되었다.

16세기부터 17세기의 포교 사업은 가톨릭 수도회가 주도했으나, 19세기의 포교 사업은 바티칸의 포교성성이 주도하게 되었다. 포교성성은 파리외방선교회에 조선 포교를 위탁했다. 파리외방선교회는 조선의 포교와 일본, 중국 포교를 구별하지 않았고, 포교 위탁이 한반도에 한정되어 있다고 생각하지 않았다. 이윽고 파리외방선교회만으로는 일본과 조선 포교에 대처하기 어렵다는 것을 알게 되어 예수회에 일본, 조선 포교를 타진하게 되었다. 일본과 조선 포교에 있어서 예수회에 순서가 돌아온 것은 겨우 20세기에 들어서였던 것이다.

성직자의 순교

19세기에 최초로 조선에 건너간 가톨릭교회의 성직자는 중국을 경유하여 입국한 프랑스인 신부였다. 조선교구가 설립된 후인 1837년에 중국과 조선의 국경을 흐르는 압록강을 건너 파리외방선교회의 신부 피에르 필리베르 모방(1803~1839)이 조선에 온 것이다. 제2대 조선 대목 로란 마리 조제프 앙베르(1797~1839)와 파리선교회의 자크 오노와 샤스탕(1803~1839)이 그 뒤를 이었다. 안베르 신부는 실제로 조선교구에 부임한 최초의 대목이었다. 1838년, 이 시기에 조선의 신자 수는 약 9000명이었다고 한다.

1839년 3월에 조정의 당파 싸움에서 천주교 탄압이 승인되어 다음해 말까지 대규모 박해가 진행됐다. 이 박해를 '기해교난(己亥敎難)'이라고 한다. 이때 섭정 등에 의한 것이 아니라 국왕 헌종(재위 1834~1849)의 이름으로 최초의 금교령〈척사윤음(斥邪綸音)〉이 발포되었다. 이 금교령은 이례적으로 한문과 한글 혼용문으로 작성되었다. 이는 천주교 신앙이 한글을 사용하는 하류층이나 부녀자들 사이에도 전해졌음을 의미한다. 이 박해에 의해 113명의 신자가 순교했다고 전한다. 앙베르와 모방, 샤스탕은 조선에서 죽은 최초의 유럽인 순교자가 되었다.

이즈음 조선 가톨릭교회는 중국 가톨릭교회의 지원을 받고 있었다. 김대건(1821~1846)은 젊어서부터 재능을 보여 모방의 발탁으로 16세에 마카오에 있는 파리외방선교회 신학교에 유학했다. 1845년 8월에 상하이에서 김대건은 한국인으로서 최초로 천주교 사제로 서품되었다. 그는 그해 9월 제3대 조선 대목 장 조제프 드 페레올(1808~1853)과 함께 금교령이 내린 조선으로 돌아왔으나 신자들과 함께 체포되었다.

1846년 프랑스 함대 세 척이 충청도에 와서 지난날 죽은 프랑스인 신부 세 사람의 순교를 묻고는, 더 이상의 조치는 취하지 않은 채 귀국해버렸다. 이처럼 프랑스가 애매하게 조선을 자극한 것은, 김대건에게 상황을 더 악화시켜주는 꼴이었다. 국왕 헌종은 천주교에 대한 태도를 강화하여 천주교 사제인 김대건의 처형을 명령했고, 같은 해 9월에 처형이 집행되었다. 이때 김대건의 나이는 25세였다. 이 박해를 '병오교난(丙午敎難)'이라 한다.

병인교난

1849년에 즉위한 조선 국왕 철종은 1801년의 신유교난 때 천

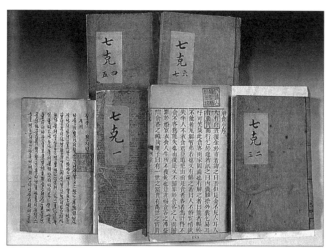

한문 《칠극》과 한글 《칠극》

주교 신자라는 이유로 사사(賜死)된 왕족 은언군의 자손이
었다. 그의 즉위에 의해 잠시 동안 천주교에 대한 온건책이
취해졌다. 이를 계기로 제4대 조선 대목 시몬 베르누(1814~
1866)가 네 명의 선교사와 함께 조선에 입국했다. 베르누는
1864년에 두 대의 인쇄기를 조선으로 가져와서 한문으로 된
마테오 리치의 《천주실의》와 디에고 판토하(1571~1618)의
《칠극(七克)》을 한글로 번역한 《언문 천주실의》와 《언문 칠
극》 등을 출판했다. 가톨릭교회는 이러한 출판을 통해 한글
보급에 공헌했다.

철종이 젊은 나이로 죽은 후 1863년 어린 고종이 왕위에 올라 그 아버지인 흥선대원군(이하응, 1820~1898)이 실권을 장악했다. 다음해에 동학을 일으킨 최제우(1824~1864)가 사교(邪敎)로 세상을 혼란하게 했다 하여 처형되었다. 1866년 9월에 미국의 제너럴셔먼호가 조선에 왔다가 불태워지는 사건이 일어났다. 이 사건으로 미국 군함이 조선에 왔다. 같은 해 10월에는 조선이 천주교를 박해한 것을 구실로 프랑스 함대가 강화도에 와서 약탈을 자행했다. 이 함대에 천주교 사제가 통역으로 탑승하고 있었기 때문에 신부가 제국주의의 앞잡이라는 비난을 받게 되었다.

이러한 서양 열강의 진출을 배경으로 하여 쇄국 정책을 고집한 대원군이 천주교 주교를 비롯한 신자들을 대량으로 처형했다. 서양의 종교인 천주교가 조선에 악영향을 미칠 뿐만 아니라 조선의 정책에도 반한다고 생각했던 것이다. 대원군에 의한 대규모 박해는 1866년의 간지에서 따와 '병인교난(丙寅敎難)'이라 한다. 병인교난에서는 8000명 이상의 순교자가 나왔다고 한다. 베르누가 출판한 《언문 천주실의》와 《언문 칠극》도 이 시기에 대부분이 소각되었다. 1871년에는 제너럴셔먼호 사건에 대한 보복의 형태로 다시 미국 군함이 조선에 왔다. 이를 계기로 발생한 신미교난(辛未教難)은 조선 왕조에 의한 최후의 대규모 박해였다.

김대건 동상

1866년의 병인교난의 순교지는 순교자의 대부분이 참수되었기 때문에 절두산이라고 불린다. 1966년 병인교난 100주년에는 절두산에 순교기념관이 설립되었다. 서울 시내를 동서로 흐르는 한강의 북단, 지하철 합정역에서 도보로 갈 수 있는 거리에 있다. 기념관 앞의 중앙 정원에는 한국인 최초의 사제로서 순교자가 된 김대건이 오른쪽 팔을 들고 있는 동상이 세워져 있다.

1984년 5월 6일 한국에 막 도착한 교황 요한 바오로 2세는 도착하자마자 절두산을 방문하고 기해교난의 순교자 79명과 병인교난의 순교자 24명, 합계 103명의 순교자를 시성했는데, 그중에는 김대건도 포함되었다.

조선의 순교

병인교난에서 보이는 바와 같이, 조선 왕조는 처형해야 할 신자가 많은 경우에도 신앙을 버리게 하려는 노력보다는 전원을 처형하는 것으로 문제를 처리하려고 했다. 조선 왕조는 기독교 신앙을 초기에 싹을 잘라 버리지 않으면 안 되는 전염병과 같은 것으로 생각한 듯하다.

조선에서 순교의 모습에 대해서는 실제로 사료가 별로 남아 있지 않다. 앞에서 말한 달레의 저서 《조선 교회사》는 교회를 홍보하는 성격이 강하고, 초기에 기술된 내용 등은 1세기 이상이나 지난 후에 쓰인 것이기 때문에 별로 신빙성이 없는 부분이 있다. 더구나 달레는 조선을 방문한 적이 없는 것이다.

최초의 박해에서는 상당수의 양반이 배교하고 석방되었다. 예를 들면 최초의 세례자인 이승훈은 최초의 박해 때 배교하고 〈벽이문(闢異文)〉이라는 배야문(排耶文)을 썼다. 배야문이란 야소교, 즉 기독교를 배척하는 글을 말한다. 그러나 이승훈은 1801년 신유교난으로 처형되었다. 그의 배교가 관헌에 의한 선전용 위장이라는 연구도 있는데, 그렇게 볼 근거는 희박하다. 일본에서도 다수의 배교서가 작성되었으며, 그와 유사한 배교서들이 조선에 존재한다. 기독교 수용의 초기 단계에 유학자들은 유교 경전의 논리에 따라 한역 서학서를 반박하였다. 배교서는 초기에 집중되어 있고, 그 대부분은 관헌이 주도하기보다 유학자들 사이에 기독교를 수용하는 측과 배격하는 측의 논쟁 결과였다고 생각된다.

배교를 강요하는 것은 다른 박해에서도 흔히 보이지만, 달레의 기술에 의하면 조선 후기의 박해에서는 신자가 배교한다고 선언하더라도 위정자가 석방하는 척하다가 그 장소에서 다른 곳으로 옮겨 죽였다고 한다. 본보기로 보이기 위한 처형이 많았던 듯하나, 후기로 갈수록 교회의 기반이 지배층에서 빈곤층으로 바뀌면서 처벌이 더 가혹해진 것으로 보인다.

제 3 장

근 대 화 와 개 신 교

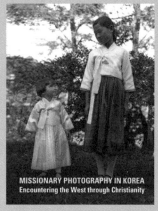

MISSIONARY PHOTOGRAPHY IN KOREA
Encountering the West through Christianity

한복을 입은 선교사의 딸(왼쪽)과 한국인 유모의 딸

1
개신교 포교의 시작

근대 교회사 연구

전근대의 조선 가톨릭교회는 근대에 도입된 개신교회와는 어떠한 역사적인 연속성도 없다고 한다. 따라서 한국 교회의 역사를 기술할 때에는 가톨릭과 개신교로 단절되어버린다. 근대 한국 교회는 개신교가 압도적이며 19세기 말의 개신교회를 '초기 교회'라고 부르기도 한다. 즉 기독교라는 일관성이 있다고 하더라도, 전근대 가톨릭의 역사가 근대 개신교 역사의 '전사(前史)'로서 다루어지는 것이다. 그 결과 근대 한국 기독교사는 대체적으로 개신교의 역사가 되어버린다.

근대 한국 기독교사 연구서로는 연세대학교 민경배 명예

교수의 《한국 기독교회사》(신개정판)가 잘 알려져 있다. 이 책은 일본이나 미국에 있는 관계 사료도 폭넓게 조사·이용하고 있으며 이 분야의 연구 수준을 단숨에 올렸다고 평가되고 있으나, 이 책에서도 근대의 기술은 거의 개신교 역사로 되어 있다. 여기에서는 가톨릭교회의 동향도 고려하면서 근대의 교회사를 살펴보고자 한다.

영국 선교사 토마스의 순교

한국의 개신교 수용은 19세기 말 열강의 동양 진출과 시기를 같이하고 있다. 근대 조선은 일본, 미국, 영국, 독일, 러시아 등 열강의 압력에 직면하여 개국(開國)을 선택할 수밖에 없었다. 당초 열강들과 체결한 수호통상조약에 조선 측은 기독교 포교 금지 내용을 포함시키려 했으나 실현하지 못했다. 당시의 국왕 고종은 수호통상조약 체결이 서양 종교의 전파를 허용하는 것은 아니라고 생각했으며 기독교를 경계했다.

개신교 선교사로서 최초로 조선을 방문한 사람은 독일인 칼 프리드리히 구츨라프(1803~1849)였다. 1832년 7월 그는 영국 동인도회사 소속의 로드암허스트호의 통역 겸 선의(船醫)로 조선에 도착했다. 로마 교황 그레고리우스 16세가 조선교구를 독립시킨 다음 해에 일어난 일이었다. 이 배는 무역 가능성을 타진해보기 위해 조선에 방문했다고 한다. 이 배가 약 1개월 간 정박하는 동안 조선인들과 약간의 접촉이 있었던 듯한데, 조선 측의 강경한 거부로 포교 목적은 달성하지 못한 채 돌아갈 수밖에 없었다.

로버트 J. 토마스

대원군에 의한 쇄국 정책(1864~1876) 기간 중 두 번에 걸쳐 조선을 방문하고 처형된 영국인 선교사가 있다. 한국 개신교 사상 최초의 순교자라고 알려진 로버트 J. 토마스(1840~1866)이다. 원래 그는 중국 선교에 종사하고 있었는데, 중국 즈푸(芝罘) 체재 중에 알렉산더 윌리엄슨(1829~1890)의 소개로 조선에서 온 사람들을 만나 조선 선교에 관심을 가졌다. 1865년 9월 13일 토마스는 조선 서해안에 처음으로 도착했다. 그는 2개월 반을 체류하면서 주로 가톨릭 신자와 접촉하면서 조선말을 배우고 중국에서 가져온 한문 성서를 배포했다. 그 후 그는 배로 서울을 향해 떠났으나 태풍으로 조난하게 되어, 다음해인 1866년 1월에 베이징으로 되돌아갔다. 같은 해 8월 9일에 그는 미국 선박 제너럴셔먼호를 타고 즈푸를 출발해 다시 조선으로 향했으나, 상륙 후에 체포되어 9월 2일 26세의 젊은 나이로 평양에서 처형되었다.

토마스는 처형되는 최후의 순간까지 조선 사람들에게 성서를 건네주었다. 이때 성서를 받은 사람 중 한 명이 나중에 선교사 사무엘 모펫(1864~1939)을 방문했다는 일화가 있다. 토마스의 죽음은 1871년 신미교난의 원인이 되었으며, 1882년 미국과의 수호통상조약 체결과 그 후 미국 교단의 선교사 파견으로 이어진다. 한국 교회는 그의 순교를 높이 평가하여 1907년 평양 대부흥의 기원이 평양에서의 그의 죽음에까지 거슬러 올라간다고 보고 있다.

2
다양한 국가의 조선 포교 활동

성서의 한글 번역

조선의 쇄국으로 선교사의 입국이 곤란한 가운데, 중국 동북 지방에 체류하던 스코틀랜드 출신의 선교사 존 로스(1842~1915)와 존 매킨타이어(1837~1905)의 주도로 성서가 한글로 번역되었다. 로스는 조선과 중국 청나라의 국경 부근에서 무역에 종사하고 있던 서상륜(1848~1926)과 이응찬(?~1883)을 비롯한 조선 상인들과 접촉하고, 그들의 도움으로 1877년부터 성서를 한글로 번역하기 시작했다. 그 사이 1879년에 서상륜을 포함한 4명이 세례를 받음으로써 그들은 개신교 최초의 세례자가 되었다. 조선의 가톨릭 수용은 양반 학자의 학문적 관심이 계기가 되었으나, 개신교 수용은 그 출발점에 중산계급 상인들의 활약이 있었다.

로스 등이 성서 번역을 계속한 결과 스코틀랜드 성서공회의 지원을 받아 1881년 말 〈누가복음〉이 출판되고, 1887년에는 《신약성서》 번역이 완성되었다. 같은 해 한글로 된 최초의 《신약성서》가 5000부 인쇄되어, 국내에서 직접 《신약성서》가 발행되는 1900년까지 조선 , 특히 북부에서 다수 배포되어 포교에 활용되었다.

한반도의 초기 개신교 포교에는 사람들에게 성서를 배포하는 방법이 취해졌다. 인쇄물을 중요하게 활용하는 것은 근대 중국의 개신교 포교 방법을 대체로 답습한 것이다. 이 시기의 특징으로 1880년대 초에 중국 동북 지방과 한반도에 신앙 공동체가 설립된 것을 들 수 있다. 배포된 성서를 읽은 사람들이 선교사를 찾아가서 세례를 받는 과정은 북부에서부터 서서히 남하해 1883년에는 평양뿐 아니라 서울에서도 볼 수 있게 되었다.

일본에서 진행된 성서의 한글 번역

이상의 내용은 주로 중국 쪽으로부터의 접촉이었으나, 한편 일본에서도 성서의 한글 번역과 선교가 시도되었다. 중국 동북 지방에서 성서가 출판되어 조선에서 개신교 신자가 생겼을 무렵 일본에서도 같은 움직임을 보였다. 1882년 9월 조선 사절단의 일원으로 일본에 건너간 이수정(1842~1886)이라는 양반 학자가 1883년 4월에 미국 선교사 존 녹스(1853~1912)에게 세례를 받았다. 그것이 계기가 되어 일본에 있던 조선 유학생들의 세례가 이어졌다. 녹스는 같은 해에 미국 교회에 이수정의 세례를 보고하고 조선에 선교사가 필요함을 전하여 조선 선교에 대한 관심을 높이게 되었다.

이수정은 미국 성서공회의 제안을 받아 1883년 5월부터 성서의 한글 번역에 착수했다. 같은 해 11월에는 한문 성서에 한글의 토씨를 다는 형식으로 《신약성서》 출판을 개시하고, 1884년에 이르러서는 《신약성서》 중 〈사도행전〉까지를 출판했다. 이즈음에 중국 동북 지방에서는 존 로스 등에 의해 한글 성서가 번역·간행되고 있었는데 한한성서(漢韓聖書)보다도 한글만의 성서가 훨씬 수요가 많다는 것을 알게 되었다. 1885년 요코하마에서 한자와 한글 혼용의 〈마가복음서〉가 출판되었다.

1885년 4월에 조선에 입국한 미국 선교사 호레이스 그랜트 언더우드(1859~1916)는 조선에 오는 도중에 일본에 들러 2개월 정도 이수정에게 조선말을 배웠다. 그러한 인연으로 그는 이수정이 일본에서 인쇄한 성서를 가지고 조선에 들어온다. 한편 이수정은 1886년 5월에 귀국했으나 그 직후에 친일 혐의로 처형되었기 때문에 이수정에 의한 성서의 한글 번역은 미완성으로 끝났다.

미국과의 관계

개신교 선교사를 최초로 조선에 직접 파견한 나라는 미국이다. 1882년 5월 조선 왕조는 미국과 수호통상조약을 체결했고, 그것이 계기가 되어 조선으로부터 견미사절단을 파견하게 되었다. 감리교 목사인 존 가우처(1845~1922)는 샌프란시스코에서 시카고로 가는 도중에 그들을 우연히 만나 조선에 관심을 가지게 되었다. 1884년 그는 앞서 일본에서 선교사로 일하고 있던 친구인 로버트 매클레이(1824~1907)에게 편지를 보내어 조선 선교의 가능성을 모색하기 위해 조선을 방문할 것을 의뢰했다. 매클레이 부부는 그해 6월 말에 서울에 도착한 후 일본에서 이미 만난 적이 있던 김옥균을 통해 고종에게 조선 선교를 허가해달라는 편지를 올렸다. 이에 대해 고종은 선교는 허락하지 않았으나 의료와 교육 사업은 허락했다. 이에 같은 해 9월에 중국에 있던 선교사 호레이스 알렌(1858~1933)이 조선에 입국했다. 그는 미국 공사관 부속 의사라는 신분이면서, 동시에 개신교 선교사이기도 했다.

1884년 12월 4일 갑신정변 당시 명성황후의 조카 민영익(1860~1914)이 중상을 입었다. 그는 보수파의 중심 인물이기도 했다. 외과 의사인 알렌이 그를 치료하여 무사히 회복시켰다. 그 공으로 알렌은 왕실 어의로 임명되어 1885년 4월에 조선 최초의 서양식 병원인 광혜원을 왕실로부터 하사 받았다. 이 병원은 얼마 후 제중원이라고 개명되었다. 우연이긴 하나, 민영익은 1883년에 조선 전권 대사로 미국에 갔을 때 가우처와 만나 그가 조선 포교에 관심을 갖는 계기가 된 인물이었다.

조선 왕실로부터 허가받은 의료와 교육 사업을 실시하기 위해 1885년부터 미국에서 선교사들이 차례로 조선에 들어왔다. 4월 5일 일본에 있던 미국인 헨리 아펜젤러(1858~1902)와 언더우드가 교육 선교사로서 인천항에 도착했다. 그들은 한국 개신교회의 초석을 쌓은 인물로 그 이름을 남기게 된다. 부인을 동반한 아펜젤러는 정변 후의 정세를 우려하는 미

언더우드 부부

국 공사의 만류로 일시적으로 일본으로 돌아갔다. 아펜젤러 부부는 2개월 후 조선으로 돌아와서, 1902년에 조선 국내를 이동하던 중에 선박의 조난 사고로 사망할 때까지 배재학당(培材學堂) 설립, 순회 전도 실시, 그리고 성서 번역 등으로 기독교 보급에 공헌했다. 언더우드는 제중원에서 교사로서 일하다가 그곳에서 의사로 근무하고 있던 릴리어스 호튼(1851~1921)과 결혼했다. 그는 명문 사립 대학인 연세대학의 창립자이기도 하며, 그의 가문은 한국에서 오늘날에 이르기까지 대대로 이어지고 있다.

1886년 7월, 국내에서 최초의 개신교 신자 세례식이 있었다. 그 전해 5월에는 선교사 겸 의사인 윌리엄 스크랜튼(1856~1922)이, 그리고 같은 무렵 의사 존 헤론(1856~1890)이 조선에 도착했다. 선교사 알렌의 사임 후 헤론은 제중원의 원장을 맡는 한편, 고종의 어의가 되어 초기 조선 선교에 커다란 공헌을 했다. 헤론은 1890년에 풍토병으로 사망했다. 이때 고종이 그의 묘지로 하사한 장소가 오늘날까지 많은 외국인 선교사가 잠들어 있는 서울 양화진이다. 양화진은 앞서 말한 절두산 부근에 위치해 있다.

1886년 조불수호통상조약으로 외국인의 국내 여행과 국내에서의 교회(敎誨: 가르쳐 깨닫게 함) 활동이 보장되었으나, 이것이 사람들에게 신앙의 자유까지 인정한 것은 아니었다. 그러나 앞에서 말한 바와 같이 그전부터 성서를 읽어 그 영향을 받거나, 해외에서 선교사를 만나 신자가 된 조선인들에게 영향을 받아 조선에 이미 세례 지원자가 나오기 시작했던 것이다. 선교사가 지방을 방문할 수는 있게 되었으나 선교활동에는 곤란이 따랐기 때문에, 선교사에게 세례를 받기 위해 사람들이 지방에서 서울로 상경하는 경우도 있었다. 1887년에 서울의 언더우드 집에서 예배가 시작되었을 때 이미 14명의 세례자가 있었다.

그 외 나라와의 관계

이들은 주로 미국 교단에서 파견된 선교사들이었는데, 영국 성공회는 1885년부터 선교사를 중국에서 부산으로 단기적으로 파견하기 시작했으며 1890년부터는 본격적으로 본국에서 성직자를 파견했다. 오스트레일리아 장로교회는 1889년 10월에 목사 조지프 헨리 데이비스(1856~1890)를 여동생과 함께 조선에 파견하였다. 그러나 그는 다음 해인 1890년에 부산에서 병사했고, 뒤이어 여동생도 귀국했다. 그의 죽음은 오스트레일리아 교회에 조선 선교에 대한 관심을 일으키는 계기가 되었다. 그 뒤에도 오스트레일리아 교회는 선교사를 증원하여 경남 농촌 지역의 교회 발전에 공헌했다.

1891년 언더우드가 교단으로부터 7년에 한 번씩 주어지는 안식년을 맞아 미국에 일시 귀국한 것이 계기가 되어 북장로교가 조선에 새로이 선교사를 파견했다. 1892년에는 남장로교에서 7명의 선교사가 지원하여 남서 지방의 선교를 담당했다. 1895년에는 미국 침례교에서도 선교사가 파견되는 등 다양한 교단에서 많은 선교사들이 조선으로 건너왔다. 미국 감리교로부터는 이미 선교사 스크랜튼이 입국했고, 1898년부터는 캐나다 장로교의 조선 선교가 시작되었다.

이처럼 당시에 미국의 남·북장로교, 캐나다 장로교, 오스트레일리아 장로교, 그리고 미국 남북 감리교가 조선 선교를 추진하고 있었다. 또한 러시아정교회가 1900년부터, 안식교가 1904년부터, 그리고 구세군이 1908년부터 선교를 개시했다. 이와 같이 초기 개신교 선교는 선교사를 파견하는 교파를 중심으로 진행되었다.

한편 일본 교회의 조선 포교는 한일병합을 전후로 본격적으로 진행되었다. 1858년에 미일수호통상조약이 체결되었고, 다음 해부터 많은 미국 선교사들이 일본에 거주하기 시작했다. 1865년에는 일본 개신교회에서 최초의 세례자가 탄생했다. 1872년에 성서의 일부가 처음으로 일본어로 번역되었고, 1880년에는 《신약성서》의 일본어 번역이 완성되었다. 선교사로 일본에 체재하고 있던 녹스나 매클레이가 어떻게 조선 선교에 관여했는지는 앞서 언급했다. 이후 선교사들이 조선에서 온 유학생이나, 일본에 오거나 망명한 조선 정치가들과 접촉한 것이 조선 선교에 영향을 미쳤다. 그 후에도 성서 번역이나 조선에 들어가는 선교사들의 기항지로서, 일본은 조선 선교와 밀접하게 연결되었다. 일본 교회는 초기에 조선에 있는 일본인을 포교의 대상으로 삼았으나, 점차 일본의 국익을 선전하기 위해 조선인들을 포교의 대상으로 해야 한다는 '조선전도론(朝鮮傳道論)'을 제창하였다.

초기 한국 개신교회의 특징

초창기의 한국 개신교에서는 성서의 번역과 간행이 중시되었고 인쇄물을 통한 포교 활동이 이루어졌다. 로스와 이수정의 한글 성서는 그 뒤 몇 차례 개정되어, 이수정이 처형된 후 1900년에 《신약성서》가 간행되었다. 1910년에는 《구약성서》 번역이 완료되어 이로써 성서의 번역이 완성되었다. 이 시기의 한국 개신교회는 선교사를 파견한 미국의 영향으로 교파교회의 특징이 강하게 나타나 있다.

의료와 교육이 초기 선교 활동의 중심이었다. 의료 선교 방면에서는 앞에서 언급한 것처럼 알렌이 왕실로부터 하사받은 광혜원이 1885년 개설 직후 제중원으로 개명하여 조선 왕립 병원이 되었다. 제중원은 정부의 원조가 지속되지 않아, 1893년부터 의사이기도 한 캐나다 선교사에 의해 운영되고 있었다. 그 후 미국 실업가 루이스 세브란스 (1838~1913)의 기금에 의해 재정비되어 현재 연세대학교 부속 병원으로 발전했다. 이 병원에서는 의료 활동뿐만 아니라 조선인들에 대한 의학 교육도 실시했다. 1885년에는 미국 선교사이자 의사인 윌리엄 스크랜튼에 의해 민간 의료 기관이 창설되었고, 1887년에는 메타 하워드에 의해 여성 전용 병원인 보구여관(保救女館)도 개설되었다. 이곳에서는 간호 교육도 실시되었다.

연세대학교

학교 교육을 통한 교육 선교도 왕성하게 진행되었다. 교회가 전반적인 문화 활동을 통해 한국 근대화를 주도하는 역할을 담당했다. 앞에서 말한 것처럼 1885년에 언더우드와 아펜젤러는 교사로서 한국에 건너온 것이다. 아펜젤러는 1886년 6월에 정식으로 배재학당을 열었는데, 고종이 이 이름을 지어주었고 당시의 명필이 학교 간판을 써서 하사했다. 또 언더우드가 1886년에 고아를 대상으로 세운 학교는 후에 경신학교(儆新學校)가 되었다.

개신교회는 한국 근대 교육에 크게 공헌하였으며, 양자는 상호 밀접한 관계에 있다. 특히 일반 여성 교육은 기독교 선교사의 공헌 없이는 생각할 수 없을 정도이다. 윌리엄 스크랜튼의 어머니 메리 스크랜튼(1832~1909)은 1886년 5월 30일 여성 교육을 위해 정동에 여학당을 창설했다. 한 사람의 여학생, 그것도 고관의 첩을 교육한 것이 시초가 되었는데, 이러한 교육 기관의 설립이 여성의 지위를 향상시키는 계기가 되었다. 이 여학교는 다음 해인 1887년에 민비의 사명(賜名)으로 이화학당(梨花學堂)이라 부르게 되었다. 이것이 한국 여성교육의 명문교인 이화여자대학교의 시초였다.

1895년에 새문안교회가 설립한 영신학교(永新學校)를 비롯해 한국 교회가 주도하여 여러 교육 기관이 차례로 설립되었다. 1897년에 평양에 숭실학교(崇實學校)가 설립되고, 1905년 9월에는 고등 교육 기관으로 발족했다. 1909년 통계에 의하면 개신교계 학교는 초중등 교육 기관을 중심으로 약 950개 교에 이른다고 한다(민경배, 앞의 책). 1915년 3월에는 고등 교육 기관으로 연희전문학교가 설립되었다. 1957년 이 학교와 세브란스의학교가 합병되어 현재의 연세대학교가 된 것이다.

교회는 초기 단계부터 성서는 물론 기독교 관계의 서적을 한글로 출판했으며, 기독교 용어도 서민이 사용하는 일상적인 용어를 사용함으로써 포교에 커다란 성과를 올렸다. 조선 시대에는 지식인이 한문을 중시하고 한글을 멸시하는 풍조가 있었으나, 기독교는 한글의 평가를 향상시키는 데 크게 공헌했다. 또한 외국인 선교사에 의한 조선 연구는 서구에 문화와 어학 등 여러 분야에서 한국학의 기반을 쌓는 결과를 가져왔다.

3
제국주의와 기독교

수난과 갈등

개신교의 선교가 개시된 때는 한반도의 이권을 둘러싸고 열
강이 각축을 벌이던 제국주의 시기이기도 했다. 기독교 선교
는 열강의 조선 진출과 궤도를 함께하고 있었다. 교회가 갈수
록 세력을 넓히게 됨에 따라 사회적으로 갈등이 생기게 되었
고, 그 결과 종종 박해가 일어났다.

 1888년 4월 현재의 가톨릭 대성당인 명동성당 건축이 원인
이 되어 포교 금지령이 발포되었다. 그해 여름에는 외국인 선
교사가 어린아이를 유괴하여 인체 실험을 한다는 유언비어
가 발단이 되어 외국인 선교사와 기독교계 학교가 습격당했

다. 이러한 사건은 기독교에 반감을 품은 위정자들이 일반 사람들의 무지를 이용해서 일으켰다고 여겨진다.

1894년 4월에 평양에서, 1899년에는 황해도에서 기독교 박해가 일어났다. 이때는 영미 등 열강의 공사들이 개입하며 사태를 해결했다. 1900년에는 외국 선교사에게 원한을 품은 조선 관료가 국내의 선교사와 신자를 살육하는 밀명을 실행하려고 했으나, 이 계획을 사전에 알아차린 선교사가 외교적 통로를 통해 고종에게 호소하여 난을 면했다. 이러한 일을 거치면서 교회와 선교사가 운영하는 학교나 병원은 치외 법권의 영역으로 인식되었다. 이것이 오히려 신자가 비약적으로 증가하는 원인의 하나가 되었다.

1894년에 동학농민전쟁이 일어났는데, 그 전년부터 이미 동학이 기독교를 배척하는 움직임이 보였다. 동학에 대해서는 제4장에서 상술하겠으나, 1860년에 최제우가 일으킨 종교이다. 그들은 기독교계 학교나 선교사 자택 문 앞에 '야소교 배척 방문(榜文)'이나 '목사 퇴거 방문' 등을 붙여 배척 활동을 했다. 1901년 5월에는 제주도에서 지방 관리와 주민들이 유배 온 전 중앙 관리들과 가톨릭교도의 결합을 배척한 것이 계기가 되어 민란이 일어났다. 이것을 '신축민란(辛丑民亂)'이라고 한다.

사회적 갈등은 기독교도와 비기독교도 사이에서만 존재한 것이 아니다. 1887년경부터는 선교사들 사이에서도 불화와 갈등이 있었다. 예를 들면 광혜원을 창설한 알렌이 선교사에서 외교관으로 신분을 바꾼 것도 선교사들 간의 불화로부터 피하기 위함이었다고 한다. 이러한 상황 아래 조선에 파견된 선교사들은 본국 교회 선교부의 지도와 감독을 받으면서 공존의 길을 모색하게 되었다. 그 결과 지역을 분할해서 포교를 분담하는 협정이 체결되었다. 이로써 중국에서 오랫동안 선교사로 일해온 존 네비우스(1829~1893)의 영향을 받아 독립·자립한 토착 교회를 지향하는 조선 선교가 제창되었다.

가톨릭은 개신교보다 조선 선교에 앞섰으나, 자유로운 선교 활동은 개신교 선교사보다 입국이 늦어져 1890년대가 되어서야 시작되었다. 개신교 선교사들은 조선 선교를 개시하면서 가톨릭 신자의 도움을 받아 조선 사정을 듣고 한국어를 공부했다. 이처럼 가톨릭과 개신교는 당초에 우호적인 관계를 맺었으나, 개신교 선교가 안정된 후에는 서로 견제하고 대립하는 관계로 변하게 되었다. 선교사들 사이의 대립은 점차 양쪽 신자들 사이에까지 미쳐, 1899년에는 신자들이 충돌하는 사건이 일어났다. 1900년대 황해도에서는 기독교 세력이 확대됨에 따라 선교사의 치외 법권에 의지해 기독교도가 되는 사람들이 비약적으로 늘어났으며, 그들 사이에서 충돌이 빈번하게 일어났다. 참고로 1898년 조선의 장로교 신자는 약 7500명이었다고 하는데, 그 가운데 약 80퍼센트가 조선 서북부(평안도·황해도)의 신자였다고 한다(한국기독교역사연구소 편, 《한국 기독교의 역사》 I).

개신교회는 초기 단계부터 포교 대상을 상류층이 아닌 하류층으로 정했다. 또한 여성에 대한 포교에도 관심을 가졌다. 당시 유교 윤리에 의해 여성은 사회적 지위가 낮고 억압되어 있었다. 여성은 제도적으로 일체의 사회 활동이 금지되었다. 여성이 결혼 후에 본인의 이름으로 불리는 일조차 없었음이 이를 단적으로 나타낸다. 여성에게는 남편과 가문을 위해 살 것이 장려되고 또한 강제되었던 것이다. 여성이나 하층민들에게 근대적 학문을 교육하고 자립시켜 사회에 공헌할 수 있는 존재로 키우는 것이 개신교 포교의 기축이 되었다. 기독교는 한국 사회에서 하층에서 상층 계급으로 이동 가능한 추진력으로서도 작용했던 것이다.

1894년부터 1895년까지의 청일전쟁, 1904년부터 1905년까지의 러일전쟁이라는 두 번의 전쟁이 있었다. 그때마다 조선은 전쟁터가 되어 크나큰 피해를 입었다. 그러나 이 두 번의 전쟁은 교회에 있어 신자가 증가하는 계기가 되었고, 교회는 이 전쟁으로 급격히 성장하게 되었다. 사람들이 전쟁의 극한 상황에서 정신적 의지처를 신앙에서 구했던 것이다. 더구나 교회는 치외 법권 영역으로서 일반인들의 생명과 재산을 지키는 피난처로서의 역할이 기대되었다.

청일전쟁·러일전쟁 후의 교회

청일전쟁에서 러일전쟁 후까지의 기간에 개신교회는 경이적인 성장을 이루었다. 당시 교회는 압도적으로 평양에 집중되어 있었는데, 이러한 경향은 평양이 공산화되기 전까지 계속되었다. 1907년의 보고에 의하면, 평양에서는 교회의 주일 예배에 약 1만 4000명이 참가했고, 평안북도 정주에서는 당시 전인구에 해당하는 약 2만 명이 신자였다고 한다(민경배, 앞의 책).

필자인 안정원의 조모는 평양에서 가까운 황해도 출신이다. 조모는 생전에 당시 그 마을 사람 거의 모두가 기독교 신자였고, 마을의 일상생활도 교회를 중심으로 이루어졌다고 종종 말씀해주었다. 이때 들은 인상으로 1920년대 당시 아직 어린아이였던 조모의 주변은 마치 미국 청교도 시대의 생활을 보여주는 것 같은 느낌이었다. 음식물도 외국인 선교사가 심은 과일을 먹었다고 하는데, 한국에서는 본 적도 없는 과일이었다. 당시 한반도의 보통 사람들의 생활과 비교해보면 훨씬 더 근대화된 생활이었다. 여성에게도 교육의 기회가 부여되고, 일요일에는 나름대로 정성 들여 차려입고 남녀가 함께 예배에 참가했다고 하는데, 유교의 영향이 뿌리 깊게 잔존하고 있었던 사회에서는 파격적이었을 것이라고 생각된다. 증조모도 선교사가 설립한 여학교에서 교육을 받았다고 한다. 조모의 고향이 한반도에서 특수한 사회였을지 모르나, 조모가 현재의 남한에 해당하는 남쪽 지방으로 시집을 오기까지 주위가 온통 그런 모습이었다고 한다.

필자는 어릴 때부터 이 이야기를 이상하다고 생각하며 들었으나, 예전에 황해도 지역에 캐나다 선교사가 거주하면서 농업 지도를 했다는 사실을 나중에 알고 나서 조모의 이야기를 상기했다. 물론 조선의 전체 인구에 비해 기독교 신자가 그리 높은 비율이 아니었기 때문에 한정된 범위의 일이었겠으나, 개신교를 중심으로 한 이러한 상황이 실제로 존재했던 것이다.

조선 사람들은 청일전쟁을 통해 근대화된 일본이 청나라를 물리치는 것을 목격했다. 그리하여 전통적이고 보수주의적 사고방식으로부터 탈피해야 한다고 생각하기 시작했으며, 이때 서양적 근대화는 곧 기독교로의 전향을 의미했던 것이다. 사실 항일운동의 중심이던 독립협회 지도자의 대다수는 개신교로 개종한 사람들이었다. 이승만은 그 가운데 한 사람이었다. 그는 배재학당에서 배우고 아펜젤러 등의 선교사들과 교류했다. 독립협회라는 정치 단체에 관여해서 투옥되었고, 그의 전도로 독립협회의 많은 지식인이 개신교로 개종했다. 그 후 그는 미국에 건너가 항일운동을 계속하다가, 독립 후에는 미국 주도의 정책에 의해 초대 한국 대통령이 되었다. 이승만의 일생은 어떤 면에서 초기 한국 개신교의 흐름을 상징한다고 할 수 있다. 교회가 항일운동의 중심적 역할을 담당하였고, 1907년부터 일본은 항일운동의 거점이 교회라고 비난하기 시작했던 것이다.

1907년의 대부흥회

1907년 1월에 평양에서 시작된 집회는 '리바이블(revival)'이

대부흥회에 즈음한 부인사경회 참가자들과 선교사

라고 불릴 정도까지 확대되었다. '리바이블'은 일반적으로 '대부흥' 내지 '대각성'이라고 번역된다. 이는 성직자가 일반 신도에게 복음을 설교하고 죄악을 인정하고 회개하기를 촉구해 회심시키는 신앙 운동이다. 대부흥회는 그때까지 성장해온 개신교회 내부 알력이 현저화되고 정치적인 움직임과 연관되는 것을 경계하던 시기에 이루어졌다. 회심이라는 것은 예수 그리스도와 영적으로 교류하는 것을 말한다. 즉 기독교 신자로서 살 것을 새롭게 결의하는 것을 의미한다. 이 움직임이 서울에서 한반도 남부까지 교회와 미션스쿨을 통해 전국으로 파급되었다.

당시의 대부흥회는 교회에 커다란 성장을 가져오고 신앙의 재확립을 촉구하는 계기가 되었다고 한다. 이를 한국 교회의 일대 전환점이었다고 보아도 좋을 것이다. 1905년부터 1907년에 걸쳐 교회의 수는 321개소에서 642개소로, 세례자는 약 9800명에서 약 1만 9000명으로 급증했다(민경배, 앞의 책). 폭발적으로 확대된 교회는 조직을 정비하여 교파 간 협조를 시도하면서 원격지나 해외의 포교를 지향해갔다.

2007년 개신교의 여러 교파가 연합하여 평양 대부흥 100주년을 기념하는 대규모 집회를 개최했다. 이때 서울 시내의 월드컵 경기장에 10만 명 이상의 신자가 참가했다고 한다. 이 집회의 개최는 100년 전의 대부흥을 상기시킴으로써 교회 일치와 쇄신을 도모하고 신자를 각성시키고자 함이었다. 오늘날 한국 교회가 성장의 한계 등 여러 가지 문제를 안고 있는 가운데 평양 대부흥 운동에서 새로운 전환점을 모색하고자 했던 것이다.

대주교 뮈텔

이 시기 가톨릭교회에서는 프랑스인 대주교 구스타프 뮈텔

(민덕효: 1854~1933)이 조선 포교를 담당하고 있었다. 그는 1854년 파리 동남부 농촌의 경건한 가톨릭 가정에서 태어났으며, 가톨릭 신학교에서 수학했다. 1877년 사제에 서품되자 그가 소속한 파리외방선교회로부터 조선교구를 위해 일하도록 명령받았다. 이즈음 조선에서는 1866년부터 6년간에 걸친 병인교난이 수습되어가는 상황이었다. 그는 먼저 중국 동북 지방에서 조선말을 배우며 그 지역에서 추진하던 조불사전의 간행을 도왔다. 1880년 11월에 조선에 잠입했는데, 당시 조선은 개국을 향한 움직임은 있었으나, 천주교 박해 정책은 근본적으로 변하지 않은 상태였다. 뮈텔은 불법으로 조선에 잠입하여 위험을 두려워하지 않고 선교 활동에 종사했다.

1885년 5월 그는 파리외방선교회의 신학 교수로서 프랑스로 불려가게 되었다. 그러나 1890년 제8대 조선 교구장으로 임명되고 주교가 되어, 다음 해인 1891년 2월에 재입국했다. 그 사이 조선에서는 1886년에 조불수호통상조약이 체결되어 외국인 선교사의 포교 활동이 허가된 상태였다. 1926년 그는 명예 대주교로 서품되었다. 1933년 1월 서울에서 사망하기까지 주교로서 43년간 한국 가톨릭교회를 위해 일했다.

뮈텔은 한국 가톨릭교회의 근대화와 토착화에 힘을 쏟았

다. 성직자를 양성하기 위해 신학 교육을 강화하고 명동성당을 건축했다. 교회 활동을 능률화하기 위하여 조선 교회를 서울교구, 대구교구, 평양교구, 원산교구, 연길교구로 세분화하여 교구조직을 강화했다. 또한 조선 교회의 자치 교구 창설 준비로서 황해도 감목대리구(監牧代理區)를 설치했다.

그는 특히 문화면에서 눈부신 업적을 남겼다. 교회 서적을 유포하기 위해 당시로서는 드물게 사설 인쇄소를 서울에 설치했다. 1906년에 《경향신문》을 교회 홍보와 포교를 위해 창간했는데, 이 신문은 현재에도 한국의 유력 일간지 중 하나이다. 그는 조선 순교자 현창 사업에 크게 공헌한 것으로도 알려져 있다. 조선에서 약 100년간 지속된 박해로 생겨난 다수의 순교자에 관하여 1905년에 조사서를 모아 정리하고, 순교 사실을 입증하는 사료로서 〈황사영 백서〉와 《기해일기(己亥日記)》 등을 프랑스어로 번역하여 로마교황청에 제출했다. 그 후에도 순교자의 사적을 조사하기 위하여 규장각이나 장서각에서 《조선왕조실록》과 《의금부추안(義禁府推案)》 등의 조선 사료를 조사하여 두 권의 순교록을 작성했다. 그 결과 1925년에 순교에 의한 79명의 복자(福者)가 탄생하여 조선 가톨릭교회의 신앙이 세계에 알려지게 되었다.

그는 한글뿐 아니라 한문에도 정통하여 조선 왕조의 귀중한 사료를 조사·수집하고 치밀하게 정리·보존했다. 뮈텔의 조선 체재는 조선 왕조 말기에서 대한제국 시대를 거쳐 일제 강점기까지 이른다. 이 반세기 가까운 시간 동안 그가 남긴 기록과 수집한 자료가 방대한 문서군(文書群)이 되어 한국에 남아 있다. 그 일련의 문서군을 '뮈텔 문서'라고 한다. 이는 한국 근대 전환기의 귀중한 사료이다.

뮈텔 문서는 한국전쟁 이전부터 서울 명동교회 지하실에 비밀리에 소장되어 있었고, 혼란기에도 기적적으로 피해를 면할 수 있었다. 명동성당 지하에 보존되어 있었던 것을 최석우 신부와 이원순 교수가 발견했으며, 현재 가톨릭교회가 운영하는 서울의 한국교회사연구소가 이 방대한 문서를 소장하고 있다. 그 가운데 서구 문서 사료는 최석우가, 서구 문서 이외의 사료는 이원순이 조사·정리했다고 한다(이원순, 〈뮈텔(Mütel) 문서〉, 《한국천주교회사연구》 수록). 뮈텔은 조선교구의 교구장으로 임명된 1890년 8월 4일부터 사망 직전의 1932년 12월 31일까지 매일 상세한 일기를 썼다. 이 일기는 파리외방선교회 본부로 이관되었으나, 한국교회사연구소에 의한 한국어 번역이 출판되었다.

4
식민지화와 신사 참배 문제

식민지화와 독립운동

1910년 8월에 조선은 완전히 일본의 식민지가 되었다. 초대 조선 총독 데라우치 마사타케(寺內正毅)는 반기독교 정책을 분명히 했다. 교회는 전국적인 조직력을 가졌을 뿐만 아니라 그 시기 지식인의 상당수가 신자였다. 1911년에 일어난, 총독부에 의한 지식인 탄압 사건으로 유명한 '105인 사건'에서 체포자의 대부분이 기독교 신자였다. 데라우치는 반기독교 정책으로서 학교에서 천황의 사진에 경례하는 의식을 강요했지만, 교회는 이를 우상 숭배라고 하여 거부했다. 1915년 총독부는 개정 사립학교 규칙을 공포하고 학교 교과에 예배와 성서 교육을 폐지할 것을 요구했다. 나아가 일본은 총독부의 정책에 찬동하는 일본 개신교도를 통해 조합교회를 설립하여 일본의 정책으로 회유하려고 했다.

개신교 각 교단이 근대 교육 사업에 힘을 쏟은 결과, 새롭게 지식인층의 중심이 된 사람들이 기독교 신앙을 가지게 되었다. 일본의 침략을 받게 되자, 이러한 지식인들이 민족의식을 가진 집단으로서 항일운동의 중심 세력이 된 것이다.

1918년에 미국 대통령 우드로 윌슨은 민족 자결과 식민지 해결 등을 주장하는 '14개조 평화 원칙'을 발포했다. 이를 받아들여 조선에서는 민족의식이 고양되었다. 거기에 고종의 죽음이 도화선이 되어 조선 독립을 주장하는 전국 규모의 운동이 일어났다. 1919년 3월 1일 민족 대표 33명의 이름으로 〈독립선언서〉가 발표되었다. 이에 호응한 각계각층의 참가로 항일독립운동이 전개되었다. 바로 3·1 독립운동이다. 이 운동은 약 반년간 계속되었다.

많은 기독교 신자가 이 독립운동의 준비·계획 단계에서부터 적극적으로 참가하였고 교회가 가진 전국적 조직력과 국내외와의 연결로 독립운동의 중심적 역할을 담당하게 되었다. 이 시기 정부의 관료 조직을 제외하면 개신교회는 전국적 조직력을 자랑하는 유일한 집단이었다. 예를 들면 장로교는 1912년 9월에 총회를 조직했는데 그 집회에 출석하기 위해 전국에서 장로교 목사 221명이 평양으로 모여들었다. 이 목회자 총회는 한국에서 최초의 전국적 회합이었다고 한다. 당시의 교통 사정을 고려한다면 획기적인 사건으로, 교회가 탁월한 조직력을 가지고 있었음을 알 수 있다.

일본은 기독교가 독립운동을 지휘한다고 보고 교회를 파괴하거나 신자들을 검거했다. 교세가 큰 지방에서는 신자들에게 가혹한 처분이 내려졌다. 그 가운데에서도 수원 근처에 있던 제암리 교회의 방화·학살 사건은 유명하다. 1919년 4월 15일 일본군이 제암리 지역의 개신교 신자를 교회에 모이게 한 후 방화하고 사람들을 불태워 죽인 것이다. 이러한 행위가 국내는 물론이고 멀리 중국 동북 지방의 조선 교회에까지 미쳤다고 한다. 그러나 또 한편으로 이 위기적 상황은 교회의 교세 확장을 가져다주었다. 1895년과 1907년에 이어 1920년에도 세 번째로 교세의 비약적 성장이 나타난 것이다. 특히 미션스쿨의 학생 수 증가가 현저했다.

1920년대부터 1930년대의 동향

그 후 공산주의 사상이 한반도에 유입되었는데, 당초 공산주의자와 기독교 신자는 반드시 적대적이지만은 않았다. 초기 사회주의자로 활약한 인물 중에는 기독교에 입신했거나 미션스쿨에서 교육을 받은 사람이 적지 않았다. 그들의 상당수가 반기독교 입장을 표명하지 않았다. 그러나 1925년 사회주의 청년운동으로 자신감을 갖게 된 공산주의자들은 종교, 특히 기독교에 도전적인 활동을 하게 되었다.

정치 상황이 심각해져가는 가운데 1920년대 중반부터 개신교회는 본격적으로 농촌 포교 활동을 전개했다. 이처럼 혼란하던 시기에 이용도(1901~1933) 등의 신비주의 움직임이 나타났다. 그중에서 신비주의적 이단이 출현하였는데, 이는 1950년대 이후 생겨나는 이단 활동의 모체가 되었다.

무교회주의자로 알려진 김교신(1901~1945)이 활약한 것도 이 무렵이다. 무교회주의란 우치무라 간조(內村鑑三)가 1900년경부터 제창한 일본 특유의 기독교 형태로, 교회에 의거하지 않고 신앙을 지키고자 하는 사고방식이다. 단 교회에 소속되는 것을 부정하는 것은 아니다. 무교회주의의 집회에는 성직자가 존재하지 않기 때문에 일반 신도인 지도자 아래

성서 강독과 연구가 활동의 중심이 된다. 김교신은 유학 중 1920년에 도쿄에서 입신하고 우치무라 문하에 들어가 그의 신앙에 크게 영향을 받았다. 귀국 후에는 《성서 조선》을 창간하는 등 조선 교회에 커다란 영향을 미쳤다. 현재 한국에는 무교회주의를 따르는 사람은 적으나, 이 사상은 기독교 박해하에서 신앙을 지켜가기 위한 요인이 되었던 것이다.

신사 참배 문제

1930년대 식민지 지배 하에서 조선총독부는 조선 사람들에게 신사 참배를 강요했다. 일본은 황민화정책의 일환으로 식민지에 신사를 설립했는데, 조선에도 조선 신궁을 비롯한 신사를 각지에 설립했다. 기독교인들에게 하나님 이외의 것을 숭배하는 것은 우상 숭배에 해당된다. 따라서 종교 의례로서 신사 참배를 받아들일 수 없었다. 그러나 조선총독부는 신사 참배가 종교 의례가 아니라 국가 의례라고 강변하며 사람들에게 참가를 강요했다. 1935년에는 평양의 기독교계 학교에 대해 정기적으로 신사를 참배할 것을 강요했다.

가톨릭교회는 국가 의례라고 하는 일본 정부의 설명을 표면상 받아들여 신사 참배를 결의했다. 1936년에 로마교황청은, 신사 참배는 애국심과 충성심의 표현이라는 견해를 표명하고 신사에서 국가 의례가 거행될 때 참가하도록 일본 가톨릭 신자에게 권유했다. 개신교에서는 감리교회가 가톨릭교회에 이어 신사 참배에 참가했다. 교회의 존속을 우선시하는 정책을 택한 것이다.

그러나 장로교는 1938년 총회에서 경찰의 개입을 우려해 일단은 신사 참배를 용인했으나, 그 후 종교 의례라고 보고 참가를 거부했다. 그 결과 장로교 학교나 교회가 조선총독부로부터 박해를 받게 되었고, 선교사가 국외로 퇴거되는 사태에 이르렀다. 신앙을 위해 참배에 반대하는 자세를 관철한 주기철 목사를 비롯한 성직자와 신자는 체포되고 순교했다. 이는 실질적으로 장로파 선교 사업의 종언을 의미했다. 신사 참배 문제는 장로파 내부에서도 의견이 갈라져서, 이것이 해방 후 한국 교회 분열에 영향을 미치게 되었다.

한국전쟁 후 개신교회가 확대되어가는 반면에 가톨릭교회가 현저하게 열세가 된 이유 중 하나로 식민지 시대에 신사 참배를 받아들인 것의 영향을 들 수 있다. 가톨릭교회는 식민지 시대에 항일운동에 관여하는 것을 꺼렸고 신사 참배 문제에서 보듯이 정치적 발언을 회피해왔다. 결과적으로 항일운동과 더불어 고양된 민족의식을 수용하지 못했다고 생각된다.

1920년대부터 조선에는 교의를 이지적·과학적으로 재해석하는 자유주의 신학이 소개되었는데, 당시 조선 교회가 직면한 신사 참배에 대응하는 문제를 둘러싸고 자유주의 신학과 보수주의 신학이 격렬하게 대립했다. 1930년대 조선 교회는 공식적으로는 일본의 정책에 따랐다. 1940년대 초에는 외국인 선교사가 추방되고, 여러 교파의 교회가 강제로 일본 기독교단에 편입되었다. 1945년 이후 이들 교회는 본래의 교파 교회로 되돌아갔으나, 신사 참배 문제의 후유증으로 교회 재건을 앞두고 생겨난 분열이 한국전쟁이 끝날 때까지 계속되었다.

5
독립 후의 한국 교회

독립 후의 교회사

1945년 8월 15일 해방 이후, 독립은 한국 기독교인들에게 신앙의 자유를 다시 찾음을 의미했다. 한국 교회는 미군정 하에서 신앙의 자유를 만끽했다. 그러나 그것은 한반도에서 남한에만 한정된 것으로, 북한 교회는 공산주의 정권 아래에서 이때까지보다 더 큰 곤란에 직면했다.

북한에서 처음에는 기독교인들의 정치 활동이 눈에 띄게 활발했다. 그러나 한편으로 북한 기독교인들은 소련 군정 하에서 공산당이 권력을 장악하게 되면 교회에 압력이 가해지지 않을까 우려했다. 교회 지도자들은 기독교 정당을 조직하는 등의 노력으로 그러한 상황을 저지하려고 했으나 곧바로 탄압받게 되었다. 그 결과 그들은 체포되어 순교하든가, 아니면 남한으로 도피하는 수밖에 없었다.

남한 교회는 미군의 진주에 의해 완전한 신앙의 자유를 향유하게 되었다. 일본 통치 아래에서 조선인은 자율적인 정부를 수립하기 위한 정치적 훈련을 경험할 수 없었다. 따라서 해방된 시점에서 교회가 전국적 조직을 움직여 사회와 연대 관계를 유지하고 민주주의 정치를 훈련하기 위한 유일한 장소였다고 말할 수 있다. 그 결과 해방 후 많은 정치가가 기독교 신자나 성직자로부터 배출되었다. 한편으로 남한의 개신교회는 신앙의 자유에 만족한 나머지 북한의 교회에 비해 정치 문제에 대해서는 관심을 쏟지 않았고, 신정부의 대통령 이승만과 그 측근이 기독교 신자라는 이유로 무조건적으로 이 정권을 지지했다. 1960년에 이승만 정권이 부정 선거와 부패에 반대하는 학생들의 데모로 붕괴될 때까지 정치적 부패에 대해서도 계속해서 무관심했다.

1950년 6월 한국전쟁이 발발하여 1953년 7월 휴전 협정에 의해 일단 종결되었으나, 한반도에 커다란 상흔을 남겼다. 한국 교회도 전쟁으로 큰 타격을 입었다. 세계 각지의 교회가 기독교 관련 단체를 통해 한국을 원조했다. 한국전쟁 후 외국으로부터 원조 물자와 교회 재건을 위한 지원금이 도착했고, 그와 동시에 여러 새로운 교파의 선교사들도 한국에 입국하면서 교회가 교파 교회로서 더욱 다원화되어갔다. 그러나 한편으로 이 시기 한국 교회는 포교와 교세 확대에만 힘을 쏟아 일부의 교회를 제외하면 사회사업에 관심을 쏟지 않았다고 지적할 수 있다. 이러한 경향은 현재도 크게 변하지 않은 것 같다.

한국전쟁 후 한국 교회의 또 하나의 특징은 교회 재건 움직임과 그에 동반한 분열이다. 일본의 신사 참배에 굴복한 교회 지도자들과, 이에 반대하여 투옥되었다가 해방 후 출옥한 사람들 사이의 갈등도 교회 분열을 초래했다. 장로교와 감리교 등 교파를 불문하고 한국 교회는 그 후도 오랫동안 분열의 길을 걸었다. 특히 장로교에서는 통합·합동·고려·기장(基長) 외에도 여러 개의 교단이 생겨났다. 그 때문에 불건전한 집단도 장로교라는 간판을 걸게 된 경우가 적지 않다. 한국에서 사교 집단이 스스로를 숨기기 위한 가장 좋은 이름이 '대한예수교장로회'라는 아이러니한 결과를 낳게 된 것이다.

이처럼 한국전쟁 후 신종교(新宗敎)가 많이 출현한 것은 혼란한 사회상을 반영한다. 이를 단적으로 나타내는 것이 일본에서도 다양한 사회문제를 일으킨 것으로 알려져 있는 통일교(세계기독교통일신령협회)의 탄생이다. 통일교는 1954년에 문선명(1920~2012)이 창설한 이후 세계 각지로 퍼져나갔다.

1960년대부터 일부 교회가 확대해나가 1970년대가 되면서 대형교회라고 불릴 수 있는 규모의 교회가 나타나기 시작했다. 그 대표적인 곳이 서울의 여의도 순복음교회, 영락교회, 충현교회, 금란교회, 광림교회 등이다. 이들 교회는 대형교회주의와 개별교회주의의 견인차 역할을 해왔는데, 대형교회주의와 개별교회주의는 이후 한국 교회가 안고 있는 두 가지 커다란 문제가 되었다. 이러한 문제에 대해서는 제5장에서 상술하겠다.

이 무렵부터 한국 사회는 도시에 집중된 형태로 산업화가 진행되자, 특히 수도 서울의 교회는 농촌에서 이주해온 사람들을 받아들여 급성장했다. 남북이 대립하는 가운데 정치적으로 불안정한 한국 사회에서는 산업화에 의한 사회적 변화가 두드러져 사람들은 여러 가지 불안과 긴장감 때문에 종교에서 의지처를 구했다. 이 시기에 불교·유교·신종교도 세력을 키워갔으나, 기독교는 특히 크게 성장했다. 카리스마 있는 성직자 아래에서 지역과 무관한 다수의 신자가 모이게 되면서 교회는 커다란 경제력과 영향력을 갖게 되었다. 그리고 교파나 교단보다도 그러한 성직자가 통솔하는 개별교회를 우선으로 하는 사목이 행해지게 된 것이다.

미군과 개신교회

애초부터 한반도의 기독교, 특히 개신교의 포교는 미국과 밀접한 관계를 가지고 있었다. 조선에 온 초기 개신교 선교사의 대부분이 미국 교단으로부터 파견되었고, 그 비율은 일제 강점기가 되어도 크게 변하지 않았다. 그들은 조선에서 많은 중등·고등 교육기관을 운영했는데, 1930년대 이후 본격화된 일본의 신사 참배 강요는 그들이 운영하던 교육 기관에 직접 관계되는 사안이었기 때문에 그 존속을 위협당하게 되었다. 미국 선교사들 사이에서도 신사 참배를 둘러싼 의견 대립과 갈등이 있었으나, 선교단이 교육 사업으로부터 철수를 결정하자 그들은 차례차례 한반도를 떠났다. 남기로 결정한 선교사들도 태평양전쟁(1941~1945) 발발 후에 미국으로 송환되었다. 그들 선교사와 그 자손들은 미국으로 귀국한 뒤에 미국의 대일본전쟁과 정책 수행에 다양한 형태로 참가하였다.

해방 직후 미군은 한국을 통치하기 위해 한반도에서 활동한 경험을 가진 선교사들의 정보에 의지하지 않을 수 없었다. 미 군정청의 군정장관으로서 한국 통치를 지휘한 존 리드 호지(1893~1963)는 전쟁 전에 한반도에서 활동한 미국인들에 주목했다. 해방 후 재입국한 선교사들의 대부분이 통역에서부터 군정청 중핵에 이르기까지 다양한 형태로 군정청과 관계를 맺었다. 그들은 미국 선교사들이 한국에 다시 귀환하는 것을 도왔을 뿐만 아니라, 군정청에 한국에 관한 정보와 한국인 인맥을 제공하는 중요한 역할을 했다. 그 전형적인 인물로 연희전문학교 교수였던 언더우드와 제임스 피셔를 들 수 있다(안종철,《미국 선교사와 한미 관계》).

미국 선교사들은 일본 식민지 하의 한반도에서 '정교 분리'의 입장을 견지했으나, 해방 후 미군 당국과는 밀접한 관계를 유지했다. 그들은 미군과 정기적으로 회합을 가졌고, 그 협력 관계로 '기독교'와 미국의 '민주주의'의 확산을 동일시했다. 해방 후 미군 통치 책임자였던 맥아더와 호지는, 처음부터 민주주의와 기독교 선교를 구별하지 않고 미 국무성에 선교사 파견을 요청할 정도로 기독교회를 강력하게 지원했다.

선교사들은 미국 유학 경험이 있는 한국인들을 군정청에

맥아더와 대화를 나누는 이승만

적극적으로 추천했다. 일제 강점기에 미국에 다녀온 유학생 태반이 기독교 신자이거나 기독교에 우호적인 사람들이었다. 초대 대통령 이승만이야말로 그 전형이었다. 미군에게 등용된 미국 유학 경험이 있는 한국인의 대부분이 교회에 관여하고 있었고, 특히 연희전문학교 관계자가 많았다. 또한 그들 대부분이 태평양전쟁 시기에 대일 전쟁을 수행하기 위한 중요한 일원으로 활약했기 때문에 그들과 해방 후 미군 통치에 참가한 사람들 사이에 연속성이 있다고 지적되고 있다. 일제 말기 한국인 엘리트가 그 후 한국 사회에서 주도적 입장에 선 것은 한국인 사이에 아직까지도 복잡한 감정을 불러일으키고 있다.

건국 직후 제1공화국(1948~1960) 당시 고위 관리 대부분이 기독교를 배경으로 하고 있었다. 초대 대통령 이승만이 기독교에 대해 강력하게 지원하면서 1950년대 한국에서는 기독교가 사실상 '국가 종교'의 역할을 했다고 지적되고 있다.

가톨릭교회는 이러한 개신교의 사정과 대조적이다. 가톨릭교회의 경우 미국 유학 경험자가 거의 없었다. 한국전쟁 종결 직후 당시의 노기남 주교가 가톨릭교회에 인재가 부족한 것을 한탄했다고 전하듯이, 미국 유학 경험자의 부재는 가톨릭교회가 정치적·사회적 영향력에서 개신교회에 크게 뒤지는 요인 중 하나가 되고 말았다(강인철,《한국기독교회와 국가·시민사회》).

6
한국 근대화와 교회의 확대

국가 조찬 기도회

1961년 5·16 쿠데타에 의해 박정희가 정권을 장악했다. 이후로 군사 정권 시대가 된다. 군사 정권 아래에서도 개신교는 확대를 계속했다. 이 무렵 개신교 확대를 나타내는 사례로 국가 조찬 기도회의 발족이 있다. 이것은 개신교 예배로 한국 대통령도 출석하는 정치가들의 행사로서 오늘날까지 지속되고 있다. 이때 대통령이 개신교 신자인가 아닌가에 관계없이 이 예배는 매년 행해지고 있다.

1965년 2월 27일에 당시의 여야당 개신교 신자들이 모인 것이 이 기도회의 시초였다. 3년 후인 1968년 당시의 대통령 박정희(재임 1963~1979)가 출석한 것을 계기로 '대통령 조찬 기도회'라고 불리며 새로운 제도로서 정식으로 발족했다. 박 정희는 기독교 신자가 아닐 뿐만 아니라 기독교에 대해 꼭 우호적이지만도 않았던 인물로 알려져 있다. 제8회부터는 '연례 국가 조찬 기도회'라고 명칭을 변경하여 이후 연례 행사로서 계속되고 있다.

2008년에는 개설 40주년을 맞이하여 서울 시내에 약 4000명이나 되는 사람들이 모였다. 차관보 이상의 관료, 국회의장 이하의 국회의원, 대법관 이상의 재판관, 나아가 각국의 주한 외교관들도 출석했다. 한국은 헌법에 정교 분리가 명시되어 있다. 그럼에도 국가 조찬 기도회가 오늘날까지 지속되는 것은, 개신교회의 정치적 영향력을 현저하게 나타내는 실례라고 할 수 있다.

정부 요직에 있는 사람들 가운데 기독교, 특히 개신교 신자가 차지하는 비율은, 한국전쟁 후 미군 점령 초기에 50퍼센트 이상, 1950년대 이승만의 자유당 정권 아래에서 40퍼센트 가까이 이르렀다고 한다. 해방 당시에 전체 인구에 대한 개신교 신자의 비율이 약 0.52퍼센트였음을 고려해보면 이상하리만치 높은 수치였음을 알 수 있다.

박정희 정권은 개신교회에 대해 우호적이지만은 않았으나, 한미 관계의 긴장이 높아질 때마다 한국 개신교회의 대미 교섭력에 크게 의존했다(강인철, 앞의 책). 그 후에도 개신교 신자가 정치가가 되는 경향이 명확히 나타나며, 1970년대 이후는 개신교회의 확대와 더불어 총인구에서 신자가 점하는 비율도 급증했다.

대규모 집회의 개최

1964년 10월 전국 복음화를 목표로 기독교 각 교파가 협력하는 모임이 개최되었다. 다음해 1965년이 한국 개신교 선교 80주년에 해당하기 때문이었다. 이때에는 가톨릭교회도 가담했다. 이를 계기로 1965년부터 각 교파가 협력하여 전국적인 전도 집회를 개최하게 되었다. 1973년에 미국 목사 빌리 그레이엄의 전국적 전도 집회가 지방 5개 도시에서 개최된 후, 서울에서 5월 30일부터 6월 3일까지 개최되었다. 첫날 약 51만 명이던 것이 날이 갈수록 증가하여 마지막 날에는 약 110만 명이 되었다고 한다.

당시 주목할 만한 현상의 하나로 가톨릭과 개신교의 합의에 의한 성서 공동 번역 작업을 논의한 것을 들 수 있다. 1968년

에 공동 번역이 합의되고 1977년에 간행되었다. 그러나 일부
교회는 이 성서의 내용을 비판하였으며, 특히 개신교회에서
별로 환영받지 못했다.

대규모 집회 개최로 한국 교회는 폭발적인 성장을 이루었
다. 이러한 대규모 전도 집회가 1974년, 1977년에도 계속되
었고, 1980년에는 이제까지의 기록을 갱신하는 대규모 집회
가 열렸다. 주최 측의 추산에 의하면 9월 11일 전야 기도회에
약 100만 명, 12일 개막일에 약 250만 명이 참가했다고 한다.
참가 인원수를 늘려 과장하는 것을 감안하더라도, 1980년의
대회는 폭발적으로 성장하는 한국 기독교회를 상징하는 것
이라고 할 수 있다.

한국 교회를 포괄하는 단체로서 1924년에 탄생한 한국기
독교교회협의회(The National Council of Churches in Korea : 약칭
NCCK)와 1989년에 편성된 한국기독교총연합회(The Chrisrian
Council of Korea : 약칭 한기총) 두 조직이 있다. NCCK는 일제
강점기부터 시작되어 한국전쟁 종결 후에도 한국 교회를 대
표하는 단체로 기능하고 있다. 한국전쟁 시기에 미국 대통령
에게 원조를 요청하는 서간을 보낸 것으로도 알려져 있다. 한
편 한기총은 2004년 현재 62개 교단과 18개 기관으로 구성된

연합 기관으로 성장했다. 한국의 교회들이 한기총과 NCCK에 의해 명확하게 양분되어 있는 것은 아니다. 한기총에 소속된 교단 가운데에는 NCCK의 회원도 있기 때문이다. 이 두 단체는 한반도 통일과 북한의 복음화 사업, 국가와 사회에 대한 봉사와 여성운동 등에 관심을 가지고 있고, 이 점에서 큰 차이는 없다. 그러나 한기총이 개신교 교단만으로 구성되어 있는 데 비해, NCCK는 개신교 교단의 틀을 넘어 가톨릭과 러시아정교회와 협조를 도모하며 종교적 다원주의 노선을 채택한 점에서 커다란 차이가 있다.

민주화운동과 가톨릭교회

한국 가톨릭교회는 1960년대 말부터 개신교회보다 적극적으로 민주화 문제에 관심을 보였다.

1969년 3월 28일 김수환(세례명: 스테파노, 1922~2009) 서울대주교는 로마 교황 바오로 6세로부터 추기경으로 임명되었다. 김 추기경은 한국전쟁 전에 조치대학에서, 1951년 주교로 서임된 후에는 독일 뮌스터대학에서 수학한 경험을 가지고 있다. 1966년 마산교구의 주교로 임명되었고, 1968년에 서울대주교로 임명되었다. 그 다음해 추기경으로 취임했는

요한 바오로 2세와 김수환 추기경, 전두환 전 대통령(왼쪽부터).

데, 한국인으로서 최초의 추기경이고 취임 당시 46세로서 파격적으로 젊은 나이였다.

1971년 4월에 김 추기경이 당시의 군사 정권을 비판하는 발언을 했다. 대통령 박정희에 대해 선거를 공정하게 행할 것을 요구한 것이다. 나아가 그해 크리스마스에 김 추기경은 해마다 하는 라디오 크리스마스 메시지가 생방송임을 의도적으로 이용하여 박정희가 장기간에 걸친 독재를 지향하고 있음을 비판했다. 박정희가 그 중계를 듣다 격노해 방송을 중지시켰을 정도였다. 가톨릭교회가 정치적 발언을 하는 경우는 드물고, 더구나 당시 한국에서 박 정권을 비판하는 것은 대단한 위험을 감수해야 하는 것이었기 때문에 김 추기경의 발언은 주목을 받았다.

또 1974년 4월 정부에 민주화를 요구하는 전국민주청년학생총동맹의 관계자 180여 명이 북조선의 지시를 받아 국가를 전복시키고 공산주의 정권 수립을 추진했다는 혐의로 체포되어 기소되었다. 이는 '전국민주청년학생총동맹사건'으로서, 당시 정권은 이 사건의 내용을 각색하여 과장해 발표했다. 정부가 민주화를 요구하는 학생운동을 일소하려는 의도에서 북한과의 관계를 날조한 것이었다.

이 사건에 이어서 같은 해 7월에 원주교구 지학순 주교(1921~1993)가 박정희 정권이 1972년에 공포한 유신헌법을 비판하는 '양심선언'을 했다. 이로 인해 지 주교는 체포되어 내란선동죄로 기소되었다. 뜻을 같이하는 가톨릭 성직자들이 '천주교 정의구현 전국 사제단'을 결성하고 지 주교의 석방을 요구했다. 이 움직임이 전국적으로 확대되었고, 성직자들에 대한 구속은 계속되었다. 그러나 가톨릭교회는 인권운동과 사회운동에서 주도적 역할을 담당함으로써 신자들로부터 강한 지지를 받게 되었다. 이러한 활동으로 인해 많은 한국인들이 가톨릭에 관심을 갖게 되고 가톨릭교회가 사회적 공신력과 영향력을 갖기에 이르렀다.

명동성당

이 시기 가톨릭교회가 민주화운동을 지지했기 때문에 서울에 있는 명동성당이 운동가들에게 민주화의 성지로 여겨졌고, 이곳에서 '시국 기도회' 등의 명목으로 자유로운 집회가 개최되었다. 1987년 6월 10일 전두환 정권 아래 민주화를 요구하는 학생 시위대 300여 명이 경찰에게 쫓기다가 명동 성당으로 도망쳐 약 일주일간 성당에서 농성했다. 당시 정부는 김 추기경에게 농성하는 학생들을 인도하라고 요청했으나, 김 추기경은 이를 거절하고 역으로 정부에 경찰로 하여금 학생들의 안전을 보증하도록 요구했다. 정부가 이 요구를 받아들인 결과, 학생들이 자진해서 농성을 풀고 무사히 귀가할 수 있었다.

군사 정권 30여 년간 반정부 시위 주도자가 명동성당에서 농성을 해도 당국이 성당 내로 들어가는 일은 없었다고 한다. 아이러니하게도 명동성당 불가침 기록은 군사 정권이 끝난 후 깨어졌다. 1995년 개신교 신자인 대통령 김영삼이 데모 탄압을 위해 경찰을 성당 내에 진입시킨 것이다.

가톨릭교회와 한국 정부

2000년 3월 가톨릭 신자라고 알려진 당시 대통령 김대중이 바티칸으로 로마 교황 요한 바오로 2세를 방문했다. 교황은 한반도 통일에 커다란 관심을 보였다. 면담 때 교황의 북한 방문을 의논했다고 하는데, 후일 김대중 자신이 교황에게 이를 요청했다고 밝혔다(김대중,《김대중 자서전 II》).

결국 교황의 북한 방문은 교황의 건강 문제와 북한의 부정적 태도 때문에 실현되지 못했다. 김대중은 북한 문제에 바티칸을 끌어들여 자신의 '햇볕정책'에 대해 교황의 지지를 얻고자 했던 것 같다. 바티칸은 북한이 가톨릭교회를 인정하고 가톨릭 사제의 방문을 인정할 것을 원했으나, 북한은 어느 쪽에 대해서도 부정적이었다. 교황은 재임 시 북한에 종종 특사를 파견했으나 큰 성과는 없었다.

2006년 2월에 교황 베네딕트 16세는 정진석 서울 대주교를 추기경으로 임명했다. 정 추기경은 1931년 서울에서 태어나 서울대학교 공과대학을 졸업한 후 1961년에 사제로 서품되었다. 그 후 로마 우르바노대학교 대학원에서 교회법을 배우고 신학 석사학위를 취득했다. 서울대주교 재임 시에는 평양교구장을 겸임했다. 북한은 가톨릭 사제의 입국이나 체재를 인정하지 않기 때문에 그가 평양교구장으로 재임한 기간에 실제로 평양으로 부임한 것은 아니다. 교황 베네딕트 16세의 한반도에 대한 관심은 그리 명확하지 않으나 북한 등 공산주의 국가에 대한 포교에 관심을 보였다고도 한다.

한국에서는 대통령 취임 예정자가 각 종교 대표에게 경의를 표하는 방문을 하는 것이 통례가 되어 있는데, 추기경은 가톨릭교회 대표로서 이러한 방문을 받고 있다. 일제 강점기에 일본의 지배에 대해 침묵하고 있었기 때문에 가톨릭교회에 저항감을 가진 사람이 적지 않았으나, 그러한 점도 서서히 변화되고 있다.

제 4 장

기독교 수용의 요인

창건 직후의 명동성당

1
한국 종교의 구조

한국의 샤머니즘

기독교 수용에 대해 이야기하기 전에 그 전제가 되는 한국의 종교에 대해 개관해보자.

한국 고대 종교의 기본은 샤머니즘이라고 한다. 샤머니즘이란 모든 물체에 정령이 깃들어 있다고 하는 정령신앙(애니미즘)으로부터 파생한 것으로 다신교적 성격이 있다. 한국에는 지금도 샤머니즘적 요소가 짙게 남아 있다는 지적이 보편적이다.

한국에는 단군신화라고 불리는 건국신화가 13세기에 만든 역사서《삼국유사》에 기록되어 있다. 그에 의하면 먼저 환

경주에 있는 불국사(사진 제공: 요미우리 신문사 제공)

인(桓因)이라는 천인(天人)이 있고 그 아들 환웅(桓雄)이 하계
(下界)에 내려와, 곰이었다가 인간이 된 웅녀와 결혼해 단군
이 태어난다. 그 단군은 신인(神人)으로 그가 한국을 건국했
다는 것이다. 따라서 한국의 건국신화는 천신강림신화로 분
류된다.

천신강림신화는 동북아시아의 북방 유목민적 · 부권적 천
신 신앙권에서 일반적으로 볼 수 있다. 또 한편으로 단군신화
에서는 웅녀가 동굴에 들어가 인간이 되었다고 하는데, 여기
에는 남방적 지모신(地母神) 신앙의 요소가 있다고 여겨진다.
연세대학교 유동식 명예교수는 환인이라는 존재는 힌두교의

최고신의 하나로 불교에 포섭된 '제석환인(帝釋桓因)' 즉 제석천(帝釋天)을 한국 고래(古來)의 천신 신앙에 중첩시킨 것이라고 설명한다. 유동식은, 예전부터의 원시 신앙에 역사서가 성립된 시기의 불교와의 습합(習合)이 이루어진 것이라고 추론한다(유동식, 《한국의 샤머니즘(朝鮮のシャーマニズム)》). 단군은 1500년간 통치한 후 '산신'으로 모셔졌다고 한다. 산신은 주요한 무속 신이므로, 무교의 기원이 단군신화에 있다고 보는 견해가 있다.

한국의 종교

한국에는 중국으로부터 불교와 유교가 전해졌다. 두 가지 다 외래 종교이다. 기독교는 외래 종교의 수용이라는 점에서 불교나 유교와 같은 차원에 있다고 할 수 있다.

고려(918~1392)는 불교를 보호하여 국교화했다. 일본에서 불교가 신도(神道)나 조상 숭배와 습합된 것처럼 불교는 다른 종교나 신앙과 쉽게 융합하는 특징을 가지고 있다. 불교를 수용함으로써 한국 종교가 혼성종교화하여 외래 종교를 더욱 받아들이기 쉽게 되었다고 생각된다. 그러나 조선시대에 불교는 탄압을 받아 이후의 다른 종교나 신앙과 혼성되는 일은 없었다.

조선 왕조는 국교로서 유교를 전면적으로 받아들였고, 이 시기에 현재 한국의 사상적 기반이 형성되었다고 한다. 유교에 대해서는 중국 사상사 연구자인 오사카대학 명예교수 가지 노부유키(加地伸行)의 《유교란 무엇인가(儒教とは何か)》 등에 의해, 최근에 유교가 종교라고 인식되게 되었다. 일본에서는 에도 시대에 대체로 '유학(儒學)'이라는 학문으로서 수용되었으나, 한국에서는 애초부터 불교를 배제하기 위한 목적으로도 유교를 종교로서 수용하였다.

한국의 유교에는 중국이나 일본의 유교와는 전혀 다른 특징이 있다. 그것은 유교 중에서도 성리학(性理學, 주자학)이 주류였다는 점이다. 중국에서 명나라 말기에 왕성해져 그 후 일본에도 전해진 양명학(陽明學)은, 한국에서 거의 받아들여지지 않았다. 일본과 한국은 중국으로부터 유교의 모든 요소를 수입한 것이 아니라 몇몇 요소를 극히 선택적으로 받아들였다. 그리고 그 선택은 일본과 한국에서 서로 달랐던 것이다.

성리학이 수용된 한편으로 한국인의 심성에는 샤머니즘적 요소가 잔존해 있다. 한국에는 기독교 신자라고 하더라도 점을 치는 사람들이 있는데, 이는 샤머니즘이 그들의 심성에 뿌리 깊게 남아 있음을 보여주는 것이다. 실제로 샤머니즘에서 완전히 탈피하지 못한 기독교인이 적지 않다고 지적되고 있다.

한국 문제 평론가로 알려진 다쿠쇼쿠대학(拓植大學) 교수인 오선화(吳善花)는 어느 한국인 목사가 한국에 '무당의 가면을 쓴 교회가 실제로 많다'라는 견해를 표명한 것을 소개하고 있다(오선화, 《새로운 치맛바람(新スカートの風)》). 이 목사의 말은 설령 무당의 가면을 쓰고 있다고 하더라도 본질은 기독교 신자임을 전제로 하고 있으나, 오 교수는 기독교교회의 본질이 '무당'인 것에 경종을 울리고 있는 듯하다. 많은 일본인이 한국 기독교회에 대해서 느끼는 것도 한국 기독교는 서구 기독교와 이질적인 것 같다는 인상이리라. 기독교회가 그 땅의 풍습을 받아들이는 것은 종종 볼 수 있는 일이나, 한국에서는 그것이 더 현저하게 느껴진다.

또한 한국에는 풍수사상(風水思想)도 일부에 뿌리 깊게 남아 있다. 풍수라는 것은 문자 그대로 어느 토지에서 길하다고 여겨지는 '바람'과 '물'의 흐름을 읽는 것으로, 건축을 할 때 그 땅의 풍수를 보는 중국 발상의 민간 신앙이다.

2
기독교의 수용

기독교 침투의 요인

이미 말한 것처럼 1784년 이승훈 세례 이후 약 반세기 동안 조선에는 기독교가 서적을 통해 전해졌다. 이 사실은 선교사가 그 땅에서 포교하는 통상적인 형태와는 다른 극히 특수한 전파 형태였음을 의미한다. 현재와 같이 한국 사회에 기독교가 깊이 침투한 요인으로 다음과 같은 점들이 있었다고 생각된다.

① 한국의 원신앙(原信仰)이 일신교적 요소를 가지고 있었
   기 때문에 일신교인 기독교를 수용하는 기반이 되었다.

② 조선시대에 주자학의 이기이원론(理氣二元論)에는 기독
　교의 세계관과 유사한 점이 있었다.

③ 유교 윤리를 중시하는 자세가 기독교 윤리에 대한 접근
　을 용이하게 했다.

④ 일제 강점기에 기독교가 항일독립운동의 정신적 지주 역
　할을 했다.

　①에서 ③까지는 한국인의 정신성에 기독교와의 유사성이
있었음을 나타낸다고 말할 수 있다. 1860년에 기독교의 영향
도 받으면서 한국에서 태동한 동학(＝천도교)이라는 신종교
가 ①에서 ④까지의 모든 요소를 포함하고 있다. 이 장에서
는 ①에서 ③까지 검토한 후 동학과의 관계에 대해 살펴보기
로 한다.

① 한국의 원신앙과 기독교

일신교적 요소에 관하여 연세대학교 교수 유동식은 한국의
원신앙이라고 말할 수 있는 민족종교에는 기독교에 가까운
신의 관념이 있고, 그것이 기독교를 수용할 소지가 되었다고
본다(유동식,《한국의 기독교(韓國のキリスト教)》등). 습합된 원시

종교를 이론화한 것이 외래 종교인 기독교였다는 것이다. 한국의 원종교는 범신론적 샤머니즘을 기초로 하나, 일신교적 요소도 존재하고 있었다고 한다.

예를 들면, 한국의 창세 신화에서 나오는 환인은 '하나님'이라고 불린다. '하나'는 한국어로 숫자 '일(一)'을 의미하는 한국 고유의 단어이며, '님'은 존경어이다. 따라서 '하나님'을 직역한다면 '유일하신 분'이라는 의미가 된다. 또한 원래 '하늘'에서 왔다고도 하는데, 이 경우는 '천주(天主)'를 의미한다. 두 경우 모두 샤머니즘의 최고신을 의미한다. 한편 기독교의 신도 한국어로는 '하나님'이라고 불린다. 기독교의 신을 나타내는 단어는 이미 한국어에 존재하던 단어에 가까운 것이라고 할 수 있다. 한국의 원종교를 기독교로 치환한 것이 된다는 말이다.

기독교의 신을 표시하기 위해 16세기, 17세기 일본에서는 라틴어와 포르투갈어의 음역으로서 '데우스'가 사용되기도 했고, 근대에 들어와서는 일본의 팔백만(八百萬) 신들과 혼동할 여지가 있는 '신(神, 가미)'이라는 호칭이 사용되기도 했다. 한자로는 가톨릭교회가 신을 '천주'라고 번역하고 있다. 그러나 한국어에서는 기독교의 신 관념이 원시 종교의 존재 형태와 관련된다.

한국의 원신앙은 애니미즘적 무교였는데 특히 남성 무교가 아니라 여성 무교이다. 무당의 대다수는 남성이 아니라 여성이다. 기독교는 원래 부계 사회에서 생겨났기 때문에 여성 무교를 기반으로 해서는 그 수용이 용이하지 않다. 그러나 조선 시대에는 유교를 기반으로 한 부계 사회를 형성하고 있었기 때문에 기독교가 수용되기 쉬운 사회 형태였다고 종종 지적된다. 그러한 의미에서 유교의 존재는 그 이후 기독교의 발전 요인이 되었다고 할 수 있다.

② 이와 기의 기독교

한국 유교는 기독교의 존재 형태에도 커다란 영향을 미쳤다고 생각되는데, 이를 유교의 관점에서 설명한 연구가 있다. 한국 유교를 연구하는 교토대학 교수 오구라 기조(小倉紀藏)는 한국의 기독교 신자가 존립하는 기반에 대해서 다음과 같이 설명한다.

이 나라의 기독교 신자의 유형에는 두 종류가 있다. 하나는
유교적 '이(理=仁義)'에 대신하여 새로운 수평적 '이(理)'로

서 이성적인 신앙을 만들어내어 항일운동이나 민주화운동의 중요한 부분을 담당했다. 사회 엘리트층의 신앙은 이 유형이다. 이에 대해 또 다른 하나의 유형은 샤머니즘 및 불교를 흡수하여 영혼 구제 측면을 강화하며 팽창했다. 억압되고 가난한 생활에 허덕이는 서민들의 신앙이 이것이다(오구라 기조, 《마음으로 아는 한국(心で知る, 韓國)》).

조선 주자학자로서는 이황(1501~1570)과 이이(1536~1584)가 알려져 있는데, 그들의 철학은 이기이원론(理氣二元論)이 주조를 이룬다. 오구라는 이기이원론을 바탕으로 하여 이성을 전면에 내세워 유교적 '이(理)'를 계승한 것을 '이의 기독교', 감성을 전면에 내세워 샤머니즘과 불교를 흡수한 것을 '기(氣)의 기독교'라고 부른다. '이의 기독교'는 서울 명동성당과 김수환 추기경으로 대표되고, '기의 기독교'는 여의도 순복음교회가 두드러진 특징을 갖추었다고 한다.

'이의 기독교'와 '기의 기독교'는 상호 배제나 대립 관계에 있는 것이 아니라 서로 불가분의 관계에 있다. 또한 '이와 기의 기독교'라는 사고방식은, 기독교가 이론적·합리적 측면과 신비주의적 측면 양쪽을 겸비하고 있다는 논리와도 일치

한다.

③ 유교와 기독교의 윤리

제2장에서도 서술했으나, 18세기 말 이후의 일부 유학자들은
유교 경전에 있는 '천(天)'과 '상제(上帝)'의 개념을 중국에서
전해진 한역 서학서의 '천주(天主)'와 일치시켜 해석하려 했
다. 그들은 주자학에 의문을 품고 유교 경전을 다른 방법으로
해석하고자 한 것이다. 창조주로서 천(天)이라는 개념은 유교
에 존재하지 않으나, 유교의 '천'과 기독교의 '천주'의 관계를
비교·연구하는 것에는 충분한 공통점이 있었던 것이다. 주
자학에 대한 비판에서 출발했다고는 하나, 유교가 기독교를
이성적으로 수용하는 기반을 만들게 된 것이었다.

　'효'의 개념을 둘러싼 윤리의 수용 방식에 흔들림이 보인
다. 기독교는 조상 숭배와는 서로 병존할 수 없다. 조선시대
에는 기독교 신자가 위패를 불태우는 등 사회적 충돌을 발생
시켰을 뿐만 아니라, 절대자로서 '천주'를 숭배함으로써 체제
를 부정하는 것으로 인식되었다. 그러나 다른 한편으로 기독
교는 십계명 중에서 부모에 대한 효를 가르치고 있다. 기독교
가 윤리를 파괴한다는 주장에 대해 기독교를 신봉하는 유학

자들은 충효를 결코 부정하는 것이 아니라고 반론했다. 십계명은, 우상 숭배 금지와 안식일 규정 등 신을 경외하는 내용을 제외하면 살인이나 간음, 탐욕을 경계하는 등 유교뿐만 아니라 불교 윤리와도 상통하는 내용이 있다. 박해자들에게는 기독교가 흔해 빠진 윤리관을 주장한다는 설명이 될지 모르나, 이는 거꾸로 말하면 윤리적 공통성을 갖는다는 말이 되는 것이다.

한국적 '한'

한국에는 '한(恨)'이라는 개념이 있다. 오선화는 "한국에 기독교가 보급된 것은 비참한 상태를 기뻐하고 한을 즐기는 한국인의 감성에 잘 맞았기 때문이다"라고 설명하고 있다(오선화, 《속 치맛바람(續スカートの風)》). '한'이란 오구라 기조에 의하면 "이상적인 상태, 있어야만 하는 모습, 존재해야만 하는 장소에 대한 동경과 그에 대한 접근이 좌절된 허망함과 슬픔이 모두 한 덩어리가 된 감정"이라고 한다(오구라 기조, 《마음으로 아는 한국》). '한'은 일본어 '우라미(うらみ)'에도 통하는 점이 있으나, 의미가 약간 다르다. '우라미'는 그러한 감정을 갖게 한 상대에게 복수함으로써 해소되는 것이나, 오구라는

'한'에 대해 "인생의 긴 여정에서 인간은 어쩔 수 없이 운명에 휘둘리고 시련을 당하고 괴로움을 겪기" 때문에 "언젠가 맺힌 마음의 매듭을 풀게 됨으로써 해소되는" 것이라고 설명하고 있다(앞의 책).

'한'의 개념에는 운명적 요소가 포함되어 있으며, 한국인에게 기독교는 '한'을 해방시키는 것이었다. 특히 '한'이 강한 쪽은 남존여비의 유교 사회에서 억압받아온 여성이었다. 오구라의 말을 빌려 설명한다면, '기의 기독교'를 수용한 것은 억압된 여성이다. 여성의 '한'은 유교 사회에서 오랜 세월에 걸쳐 양성되어왔으므로, 역설적이기는 하지만 그런 의미에서 유교의 존재가 기독교 수용을 도왔다고 할 수도 있다.

그렇다면 유교는 기독교에 대해 진정한 발전적 요소가 되었던 것일까. 이 문제를 푸는 열쇠는, 조선 왕조라는 유교 사회에서 성립한 동학 또는 천도교로 불렸던 종교에 있다고 생각된다. 그렇다면 근대에 기독교의 영향을 받으며 성립된 천도교에 대해 살펴보기로 하자.

3
동학과 기독교

동학(천도교)

이 장 서두의 '한국 종교의 구조'에서 전혀 언급하지 않은 종교가 있다. 그것은 바로 천도교이다. 곧 천도교는 서학에 대한 '동학'의 정통적 흐름을 계승하여 탄생한 조선의 신종교이다.

동학의 개조(開祖) 최제우는 1824년에 경주에서 태어났다. 신라 유학자 최치원(857~?)의 후예라고 하며 서자였다. 유교, 불교, 도교, 기독교를 익혔는데, 어떤 이상한 승려로부터 기괴한 서적을 받은 것을 계기로 수행자가 되었다. 그리고 마침내 깨달음을 얻어 1860년에 '동학'을 일으켰다. 동학은 유교

최제우(왼쪽)와 손병희

를 기반으로 하면서도 많은 점에서 기독교의 영향을 받고 있다. 동학은 교리를 이해하기 쉬운 점도 있어 민중들에게 널리 받아들여졌고 급속히 확대되었다.

동학에서는 '상제' 내지 '천주'를 숭배한다. 이것은 누구의 마음에도 존재한다고 설명한다. 동학은 '영(靈)'의 존재를 인정하고 있으며, 이는 '성령(聖靈)'의 존재를 인정하는 기독교와 유사하다. 그러나 한편 동학에는 예수 그리스도에 상응하는 존재가 없다. 또 동학은 사람들의 구원을 지향하나, 기독교에서 말하는 '원죄(原罪)'에 상응하는 관념이 없다. 이처럼 동학은 기독교와 몇 가지 유사점이 인정되지만 상이점 또한 적지 않다. 동학은 기존 종교와는 전혀 배타적인 존재였으므로 조선 당국은 기독교와 동일시하여 탄압했다. 그 결과 1864년 3월 10일에 최제우가 대구에서 참수되고 천도교 경전은 불태워졌다.

개조 최제우의 사후에 동학은 박해를 받으면서도 계속 확대되었다. 2대 교주 최시형(1827~1898)은 동학 경전을 외우고 있었기 때문에 최제우가 처형될 때 불태워진 경전을 복원할 수 있었다. 최시형은 '천주의 주는 내 마음의 주인이라는 의미'라며 '인내천(人乃天: 사람이 곧 하늘)'이라는 생각에 이르렀다. 1894년 그를 중심으로 한 집단이 서구 열강의 조선 침략에 대해 저항운동을 일으켰다. 이것이 동학농민운동(갑오농민전쟁)이다. 최시형은 1898년에 원주에서 체포되어 처형되었다.

3대 교주 손병희(1861~1922)는 1901년에 국내에서 동학에 대한 박해가 심해지자 일본으로 망명했다. 일본에서 그는 망명자들과 인맥을 쌓아 도쿄를 활동 거점으로 삼았다. 1905년에 동학의 명칭을 천도교로 바꾸고 다음해 1906년에 귀국했는데, 교단 내부의 친일파와 반목이 생겨나 그들을 교단으로부터 추방하게 되면서 교단 내부에 혼란이 생기고 말았다.

기독교에의 접근

치바대학(千葉大學) 문학부 조경달 교수에 의하면, 최제우는 천주[上帝]의 강림을 감득하는 신비 체험을 하면서 동학사상은 "인간은 본래 영적 존재이므로 누구라도 그 내면에 신령이 있다. 때문에 인간은 신비주의적으로 천령(天靈)의 직접 강림에 의해 천주를 느끼고, 천주와 내면적으로 일체화하는 것으로 인해 천도의 실천이 가능하게 된다"는 것이다(조경달 《이단의 민중반란(異端の民衆反亂)》). 최제우는 '보국안민(輔國安民)', 즉 '나라를 돕고 민중을 편안하게 한다'는 것을 슬로건으로 내세웠다. 그러나 최시형은 범신론적 천관(天觀)을 단순화시켜서, 인격적 천(天)이 상제와 같다는 것을 부정하는 방향으로 나아갔고, 손병희가 이를 이론화했다고 한다.

범신론이란 모든 것이 신이며, 또는 신과 우주가 동일하다고 하는 견해이다. 일신교인가 다신교인가와 무관하게 성립 가능한 개념이다. 그러나 천주의 존재 방식을 범신론적으로 이해하는 것은 동학이 기독교로부터 멀어졌음을 의미한다.

조경달은 동학의 일부가 갑오농민전쟁 후에 탄압을 피하기 위해 '영학(英學)'이라고 위장했음을 소개한다. 영학은 '예수교'라는 이름을 사용했다고도 한다. 영학의 개념이 무엇인가는 분명치 않으나, 기독교에 가까운 신 관념을 가지고 있었으며 단기간에 광범위하게 확대된 듯하다. 1889년 9월 고부에서 개최된 집회에서는 영국 성공회 선교사로 생각되는 영국인 선교사에게 설교를 시켰다. 조경달은 영학이 위장술이기만 했던 것이 아니라 기독교 교리를 부분적으로 도입했다고 보고 있다. 이 친근감은 기독교 측도 느낀 쌍방향적인 것이었던 모양으로, 한 외국인 선교사는 '동학 신도는 일신교도'라고 말했다고 한다(조경달, 앞의 책).

교토부립대학(京都府立大學) 부교수 가와세 다카야(川瀬貴也)는 《식민지 조선의 종교와 학지(學知)》에서 일본 기독교와 불교가 한반도에서 어떠한 식민지 포교를 행했는가를 밝히고, 조선과 일본 개신교회의 관계에 대해서도 언급하고 있다. 가와세에 의하면, 일본 기독교회는 제국주의와 함께 한반도에 진출했다. 조선 포교를 행한 일본 교회는 조선총독부의 앞잡이가 된 일본 조합교회가 그 중심을 이루었고, 대체적으로 한일합방을 긍정적으로 받아들였다. 가와세는, 일본의 교회가 '기독교는 곧 문명화'라는 의식을 가지고 제국주의에 대한 비판적 시각을 상실한 채 윤리주의로 식민지 문제를 대하려 했다고 한다.

1919년에 일어난 3·1 독립운동은 조선총독부에 커다란 충격을 안겨주었다. 〈3·1 독립선언문〉에 서명한 민족 대표는 기독교인 16명, 천도교인 15명, 불교인 2명이었다. 이 시점에는 기독교와 함께 천도교가 독립운동에 끼친 영향이 매우 컸다. 한편 천도교인은 앞서 러일전쟁 때 일본군에게 협력적 입장을 취한 일이 있었던 것처럼, 일본에 대해 때로는 접근하기도 하고 때로는 저항하기도 하며 정치적 '흔들림'을 보였다. 이 점에 대해 가와세는, 천도교가 '종교'와 '근대 문명'이라는 보편적인 갈등에 빠져 일본으로부터 도입되는 근대 문명에 감염되기 쉬운 체질이 되어버렸다고 지적하고 있다(가와세, 앞의 책). 천도교의 '근대 문명'에 대한 자세가, 제국주의를 긍정하여 러일전쟁기에 일본에 협력하는 부정적 요인이 되었다는 것을 의미한다. 그러나 그 한편으로 천도교는 폭넓게 받아들여지는 종교로 확대되어, 마침내 교리적으로 친화성이 있는 기독교를 위한 길을 열어준 것이 아닌가 생각된다.

서학에서 서교로

한국의 기독교가 '서학에서 서교로'라는 도식에 의해 수용되는 과정을 2장에서 살펴보았다. 그러나 이 도식은 서학이 직접적으로 서교에 결합되었음을 나타내는 것은 아니다. 서학과 서교는 크게 우회하면서 연결되어 있다고 할 수 있다. 서학으로부터 그에 대항하여 동학이 생겨나고, 동학으로부터 그것을 지지하는 천도교가 탄생했다. 서학에 대한 대항으로 생겨난 종교였다고는 하나, 천도교라는 종교적 배경이 있었기 때문에 비로소 서학에 대한 이해의 길이 열려 그 근원인 기독교를 향하는 것이 가능하게 되었다고 생각된다.

즉 한국에서는 유럽의 가르침, 다시 말하면 서학(천주교)이, 직접적이 아닌 우회적인 길로 수용됨으로써 폭넓게 확대되어 민족종교로서의 지위를 확립할 수 있었다고 생각된다. 보편적 종교인 기독교가 한국적 민족종교가 될 수 있었던 것은, 동학에서 발전한 천도교가 기독교에 대한 이해를 돕는 기반으로 존재했다는 사정에 의거하는 면도 있다고 생각된다.

한국에서 서학의 자극을 받은 동학이 그 종교성을 강조한 형태, 즉 천도교를 탄생시켰으나, 중국에서는 기독교의 영향을 받은 조직인 태평천국의 종교 '배상제회(拜上帝會)'가 서교로 회귀하지 않았다. 태평천국이 국가로서 기능한 반면에 내부의 윤리나 규율에 이완이 보이기 때문에, 천도교와 배상제회를 단순 비교하는 것은 무리가 있다. 그러나 태평천국의 홍수전이 개인 숭배를 지향한 반면에 천도교는 한국의 원신앙을 받아들여 성립한 점이, 양자의 현저한 차이로서 존재했다고 말할 수 있다.

4
조상 숭배의 수용

유교와 조상 숭배

한국 사회에서는 조선 왕조 이래 유교의 영향이 뿌리깊게 남아있다. 유교의 기본이 되는 것이 조상 숭배이다. 조상 숭배는 기독교 측에서 보면 일종의 우상 숭배이다. 조상 숭배는 가톨릭교회가 동아시아에서 포교하면서 언제나 직면한 어려운 문제였다.

가톨릭교회 가운데 예수회는 역사적으로 동아시아의 조상 숭배에 대해 유연하게 대처해왔다. 16세기 중반 일본에 기독교를 전한 프란시스코 사비에르는, 기독교가 일본에 전해지기 전에 죽은 조상이 구원의 대상이 되지 못함을 슬퍼하는 일

본인에게 어떻게 대응할지 고민했다(아사미 마사카즈,《프란시스코 사비에르(フランシスコ＝サビエル)》). 그 후 예수회는 일본인의 조상 숭배를 어느 정도 용인하는 자세를 보였다. 일본의 경우 유교가 아닌 불교에 흡수된 조상 숭배 형태가 그 고려해야 할 대상이었다.

중국에서 선교사들의 관심은 조상 숭배를 체계화한 유교에 집중되었다. 중국에서 조상 숭배 문제와 관련된 것이 전례 문제였다. 전례 문제란 중국 기독교인이 조상, 공자, 황제 등을 숭배하는 의식에 참가하는 것을 허락할 것인가의 여부, 나아가 가톨릭 의례 가운데 중국인이 받아들이기 어려운 것은 생략하는 것이 적절한가의 여부가 핵심이었다고 한다(야자와 도시히코,《중국과 기독교(中國とキリスト教)》).

중국 포교는 16세기 말 마테오 리치가 시작한 후 1620년경까지 포르투갈계의 수도회인 예수회가 사실상 독점하고 있었다. 이러한 상황 아래 프란시스코회, 도미니크회, 아우구스티노회 등 스페인계의 탁발수도회가 차례로 중국 포교에 진출하게 되었다. 그들은, 예수회가 신자들이 중국 전례에 참가하는 것에 대해 관용적 태도를 보인 것을 강하게 비판했다. 예수회는 이들의 비판에 반박했으나 상호 논박을 거듭하면서 논쟁으로 발전했다.

이러한 논쟁은 중국 가톨릭교회 내부의 문제에 그치지 않고 그 후 도미니크회에 의해 유럽으로까지 확대되었다. 중국에서 귀국한 후 도미니크회 수도사 도밍고 페르난데스 나바레테(1610?~1689)가 스페인에서 예수회의 중국 포교 방침을 공공연하게 비난했다. 이에 따라 이 문제로 스페인과 포르투갈의 국가적 대립이 표면화되며 가톨릭교회 내의 일대 분쟁으로 발전하고 말았다. 이 때문에 17세기 중엽 이후에 로마 교황청이 중재에 나서게 되었다.

18세기에 들어서 로마 교황의 특사 샤를르 토마 마이어 드 투르농(1668~1710)이 베이징으로 파견되어 중국인 신자에게 중국 전례 참가를 용인한 예수회의 방침을 불허한다는 판결을 내렸다. 그러나 이 결정은 중국에서는 받아들일 수 없는 내용이었기에 실효성을 갖지 못했다. 청나라는 예수회의 포교 방침만을 계속해서 용인한 것이다.

조선에서는 1784년 베이징에서 이승훈이 세례받음으로써 가톨릭이 전파되었으나, 초기 단계에 천주교 신자가 조상 숭배를 폐지하려고 위패를 불태우는 사건이 일어났다. 가톨릭 교회는 조선에서 조상 숭배를 기본적으로 우상 숭배로 여기고 기독교 신앙에서 배제시켰다. 열성적이지만 신학적 지식은 결핍되어 있는 신자들에게는 사회적 갈등을 회피하기 위해 조상 숭배를 용인하는 논리는 발생하지 않는다. 이 점은 외국인 선교사가 조상 숭배에 대한 합리적 설명을 고안해 온 중국과 크게 다른 양상을 보이고 있다.

공존인가, 배척인가

한국에서는 불교와 유교가 시대별로 국교화되었다. 국교화되면 다른 종교는 배척되는 특징이 있다. 유교는 불교를 배척하기 위한 종교로서 수용되었기 때문에 유교와 불교는 습합이 일어나지 않았다. 유교와 불교 사이에 습합이 일어나지 않은 점은 일본과도 유사하나, 일본에서 유교가 '유학'이라는 학문으로서 수용된 것이 그 주요한 이유일 것이다.

　일본에서는 신도(神道)와 균형을 맞추어 본지수적설(本地垂迹說)이 생겨났다. 이것은 불교가 본래의 것(本地)이며, 부처가 신으로서 그 모습을 바꾸어 나타난다(垂迹)고 하는 사상이다. 중국에서는 명나라 말기에 유교, 불교, 도교, 세 종교의 근원이 같다고 하는 삼교합일 사상이 나타났다. 그러나 한국에서는 일본과 같은 본지수적설은 존재하지 않으며, 중국과 같은 삼교합일 사상도 역사적으로 거의 존재하지 않았다. 최제우는 유교뿐만 아니라 불교와 도교도 배웠으나 이들을 논리적으로 통합하려고 하지는 않았던 것 같다. 한국인은 각각의 종교를 명확히 구분하고 있어 기독교에 대해서도 다른 종교와의 관계가 일본이나 중국과는 달랐다.

조선 왕조 시대에는 유교가 주된 종교였으나, 그것이 근대에 들어와 기독교와 불교로 크게 전환되었다. 그렇다면 한국에서 기독교로 개종할 경우에 유교의 근간을 이루는 조상 숭배는 어떻게 해석되어 기독교에 포함된 것일까.

개신교회에서는 기일의 조상 제사를 '추도식'으로 바꾸어 행하고 있다(한국종교민속연구회 편,《한국의 종교와 조상 숭배(韓國の宗教と祖先祭祀)》). 이는 가톨릭교회에서도 역시 동일하다. 조상의 기일에 '제사' 다운 것을 전혀 하지 않는 것은 유교에 익숙한 한국 사람들에게는 이해하기 힘든 일이었기 때문이다. 한국에서는 가톨릭, 개신교를 불문하고 원래 기일에 행하는 조상 숭배를 기독교의 추도식으로 대체하고 있는 것이다. 이처럼 이교의 전례를 기독교의 전례로 대체한 것이 기독교 포교에 기여한 역할은 매우 크다.

일본에서는 불교에서 기일에 법회를 하는 것이 보통 있는 일인데, 여기에는 유교의 영향도 있다고 한다. 일본에서 조상 숭배는, 불교에는 포함되었으나 기독교는 이를 충분히 포섭하지 못했다. 이는 한국 사정과 대조적이다. 16세기의 사비에르의 시대부터 가톨릭 선교사들은 일본인의 조상 숭배를 포섭하고자 고심했으나 그것이 확실히 성공했다고 말하기는 어렵다.

기독교의 수용

원종교와 기독교의 유사성을 지적하는 것으로 기독교의 수용 기반을 설명할 수는 있으나, 원종교에서 기독교로 이행하게 된 경위를 해명하기는 어렵다. 여기에서 또 하나 고려해야만 하는 것이 천도교의 존재이다. 유럽 학문인 서학이 한국의 학문인 동학을 탄생시킨 계기가 되었고, 동학이 종교성을 강화하여 천도교로 발전했다. 앞에서 말한 것처럼 천도교는 한국인이 기독교를 수용하기 위한 가교 같은 역할을 했다고 생각된다.

천도교로부터 기독교로의 이행할 수 있었던 요인으로서 제국주의 시대 한반도에 대한 외압을 생각할 수 있다. 일본 식민지 지배에 대항하기 위해 천도교와 기독교가 조선 민족의 정신적 지주가 되었다는 것은 자주 지적되는 바이다. 원래대로라면 미국이나 캐나다에서 들어온 개신교회를 한반도에 진출한 제국주의 열강의 앞잡이라고 간주하여 배척할 수도 있었으나, 항일의식이 그러한 감각을 없앴다고 생각된다. 더구나 개신교회의 외국인 선교사 가운데 일찍부터 순교자가 배출된 사실도 열강과 기독교를 명확하게 구별하는 요인이 되었을 것이다.

일제 강점기에 개신교는 민중들 사이에 폭넓게 수용되기보다 항일운동을 주도한 지식인들 사이에 수용되는 데 그쳤다. 유동식은 독립운동가들 가운데에 기독교 신자가 확실히 많았으나 천도교 신자도 상당히 많았음을 지적한다. 이들 주도적 입장에 선 사람들 사이에서 마침내 기독교인이 중심적 존재가 되어간 것이다. 천도교는 기독교가 사람들에게 받아들여져 확대되기까지 과도적 종교의 역할을 담당했다. 현재 천도교 신자는 분명 존재하기는 하지만 기독교 신자와 비교할 수 없을 정도로 극히 소수이다.

5

수용의 외부 요인

미국의 영향

기독교가 수용된 다른 요인으로서 환경적 요인을 덧붙이는 설명도 있다. 역사적 혹은 사회적 요인이라고 환언할 수 있을 것이다. 예를 들면 한국전쟁 때 미국의 도움을 받았다는 의식과 미국에 대한 동경으로부터 친미사상이 생겨났다. 은혜 내지 동경 때문에 많은 미국인이 신앙하는 기독교에게 접근했다는 것이다.

한국전쟁에서 미군은 한국을 위해 싸웠고, 이유는 어떻든지 간에 한국을 위해 자신들의 피까지 흘려준 것이다. 이에 대해 은혜를 입었다고 느끼는 한국인이 연령이 높은 세대를 중심으로 존재하는 것은 분명하다. 단 때때로 일어나는 반미운동을 보면 젊은 세대를 포함한 대다수의 한국인이 미국에 은혜를 느끼고 있는지에 대해서는 의문이다.

또 다른 설명은 일본에 의한 식민지화에 저항함으로써 일제 당국에 탄압받은 기독교가 일본에 대한 저항사상으로서 한반도에 확대되었다는 것이다. 그러나 저항운동의 지도자들 모두가 기독교 신자였던 것은 아니다. 더구나 기독교가 저항사상에 불과했다면 일본 식민지에서 해방된 소기의 목적을 달성한 단계에서 기독교 신앙은 그 존재 의의를 상실하게 되었을 것이다.

이러한 견해에 공통되는 문제점은 한국전쟁 이후 한국의 신자 수가 폭발적으로 증가한 것을 설명하지 못한다는 점이다. 한국 교회가 폭발적으로 확대된 시기는, 한국전쟁 후 부흥기에 해당하는 1960년대뿐만 아니라, 서울 올림픽을 앞두고 한국이 경제적으로 발전한 1980년대에도 해당된다. 일본에 의한 식민지화를 설명 요인으로 삼는다고 하더라도 한국이 언제나 반일사상에 의해 성립해온 국가가 아닌 한, 오늘날에도 계속 교회가 확대되고 있는 사실에 대해서는 설명이 되지 않는다. 따라서 상기 견해는 모두 한국인이 기독교를 받아들인 이유가 아니라 그 배경을 설명하는 것에 불과하며 수용의 주된 요인은 될 수 없는 것이다.

한국인의 선민사상

그렇다면 여기에서 기독교와 한국인의 민족의식의 관계에 대해 생각해보자. 외래 종교를 민족종교화하기 위해서는 그에 합당한 논리가 필요하다. 일제 강점기에 한국인이 항일의식만을 기축으로 기독교회에 결집했다고 한다면, 전후 '항일'의 의미가 없어진 시점에서 국교화되지 않은 기독교는 민족종교로서 와해의 위기에 봉착할 것이기 때문이다.

이 의문에 대한 대답은 기독교회의 가르침 안에 있다. 한국 교회는 이스라엘 민족이 절대자에게 선택받았다는 '선민사상'을 한국인에게 적용했다. 즉 신이 특별히 우수한 능력이 있는 것도 아닌 한국인을 자기 백성으로 선택해주셨다는 것이다. 이로써 한국인은 신과 계약을 맺은 것이 된다. 초기 단계에서 조선의 기적적 성장에 감격한 외국인 선교사들은 'Chosen(조선)'의 표기에 신으로부터 선택된 사람들, 즉 '선민(選民)'의 의미를 부여하였다(민경배, 앞의 책). 1919년의 3·1 독립운동 이전에 《선민》이라는 잡지가 간행되고 있었다. 한국 교회는 일제 강점기에 '민족적 고난'이라는 의식에서 내면적 신앙을 중시하는 신비주의적 경향이 강화되었고, 당시 일본 교회는 이를 두고 '유대적', '구약적' 기독교라고 여겼다(가와세 다카야, 앞의 책). 그리고 이 경향은 현재에도 변함이 없다. 한국인은 자신들에게 이스라엘적 선민사상을 적용함으로써 기독교를 민족종교로 여기는 것이 가능하게 된 것이다.

'선민사상'에 덧붙여서 한국의 기독교회, 특히 개신교회는 신의 복음을 강조하는 이른바 현세 이익을 긍정함으로써 사회에 폭넓게 확산되어 크게 발전했다고 할 수 있다. 그 대표 사례가 제1장에서 소개한 여의도 순복음교회이다. 오선화도 개신교회가 신자들에게 현세 이익을 장려하는 것을 지적하고 있다(오선화, 《속 치맛바람》). 예를 들면 목사는 넓은 집에 살고 싶다는 막연한 생각보다는 희망 사항을 구체적으로 신에게 기도하라며 신자들을 지도한다고 한다. 몇 제곱미터 이상의 집이 좋다는 식으로 구체성이 있으면 있을수록 좋다고 한다. 즉 개인의 욕망을 교회가 정당화하는 것이다. 물론 그 욕망이 법적이나 윤리적으로 부당한 것이 아니라면 문제는 없을 것이다.

절대자의 축복을 강조하는 것은, 막스 베버의 유명한 저서 《프로테스탄티즘의 윤리와 자본주의 정신》에서 볼 수 있는 것처럼 근로의 미덕을 주장하는 개신교 윤리가 근로 의욕을 향상시킴으로써 경제가 발전할 수 있게 한 점과 통할지도 모른다. 그러나 현세 이익의 긍정이 근로의 미덕을 설교하는 것과 결합되지 않는다면, 단지 사람들의 욕망을 조장시켜 마침내 배금주의에 빠질 위험성이 있다. 일부 개신교회가 과도한 축재(蓄財)에 탐닉하는 것도 아이러니하기는 하지만 수긍이 간다.

한국에서는 기독교가 일제 강점기의 항일독립운동과 결합됨으로써 지식인 계급에 수용되어 그들의 사회적 결속을 강화시킨 측면이 있다. 독립운동가 모두가 기독교인이지는 않았다고 하더라도 기독교가 독립운동의 정신적 지주 역할을 담당했다고 할 수 있다. 기독교가 '독립'이라는 정치 목표, 그리고 '민족적 고난'으로부터 구원된다는 선민사상과 결합됨으로써 민족의식을 각성시킬 수 있었던 것이다. 이때부터 기독교가 한국의 민족종교라는 색채를 띠게 되었다.

제 5 장

한국 기독교회의 문제와 전망

북한 장충성당의 미사 풍경

1
한국 사회에서 보는 교회의 문제

한국 교회의 문제점

조선 말기 이래 한국의 기독교, 특히 개신교회는 근대화의 상징으로 인식되었을 뿐만 아니라, 교육과 의료 등 다양한 분야에서 근대화를 주도했다. 한국전쟁 후 미군 통치와 이승만 정권(1948~1960)의 비호를 거쳐 한국 교회는 그야말로 폭발적이라고 할 수 있는 성장을 지속해왔다. 종전 직후 10만 명 정도였던 한반도 남쪽의 개신교 신자는 1950년대 말에 100만 명을 상회할 정도가 되어 연평균 25퍼센트포인트의 성장률을 15년간에 걸쳐 유지했다(강인철, 《한국 기독교회와 국가·시민사회》).

그러나 이처럼 교세가 확대되었음에도, 시간이 흐를수록 한국 교회의 사회적 공신력은 오히려 실추되어갔다. 한국 개신교회에 사회성과 윤리성이 결여되어 있다고 교회 내외로부터 비판받게 된 것이다. 오늘날 한국 사회에서 교회는 다양한 문제점이 부각됨으로써 비판의 대상이 되었다.

매스컴의 교회 비판

제1장에서 언급한 아프가니스탄 인질 사건이 일어나기 몇 개월 전인 2007년 3월 24일, 한국의 MBC 방송국은 한국 기독교회를 통렬히 비판하는 시사 프로그램 〈뉴스 후〉에서 '목사님, 우리 목사님'을 전국적으로 방송했다. 이 프로그램은 한국 개신교 대형교회의 세습과 재산 문제를 지적하여 커다란 반향을 일으켰다. 다음 해인 2008년 1월 26일 이 프로그램은 교회 비판의 속편인 '세금 안 내도 되는 사람들'을 전국에 방영했다.

'목사님, 우리 목사님'은 개신교 대형교회, 특히 세계 최대 규모의 여의도 순복음교회, 감리교 대형교회인 금란교회, 그리고 전 대통령 이명박이 신자로서 알려진 소망교회 등이 주된 비판의 대상이 되었다. 먼저 일부 개신교 대형교회에서 목사가 재산을 축적해 사치스러운 생활을 하고 있음이 다루어졌다. 교회의 주된 수입원인 신자의 헌금이 적절하게 사용되고 있지 않은 의혹이 있다는 것이다. 신자들의 헌금만 보더라도 십일조 외에 크리스마스나 부활절 헌금, 게다가 교회 건축 헌금 등 다양한 명목으로 거두기 때문에 그 총액은 거액이 된다.

다음으로 이 프로그램에서 특히 문제시한 것은 교회 세습에 의한 조직의 부패이다. 교회를 설립한 목사가 담임목사라는 직위를 자신의 아들에게 물려주는 일이 일어난다. 그렇게 되면 교회의 수입과 지출이, 소속 신자는 물론 '장로'라고 불리는 교회 임원들에게도 거의 알려지지 않게 된다. 이렇게 은폐되기 때문에 취재가 어렵고, 너구나 취재 거부와 방해도 있었다고 소개되었다.

초대형교회인 여의도 순복음교회의 담임목사는 그 설립자이기도 한 조용기였다. 앞서 말한 프로그램에서 그의 가족이 교회를 사유화하고 있다고 비판했다. 방송 후 조용기는 은퇴하여 원로목사가 되었으나 그의 영향력은 은퇴 후에도 변함이 없다고 한다. 방송의 조사에서 이 교회의 2000년도 수입은 1700억 원이고, 조용기의 1년 수입은 11억 3000만 원에 이른다고 한다.

여의도 순복음교회가 소유한 신문사 《국민일보》에 대해서도 경영 방식에 문제가 있다고 지적되었다. 1998년 조용기의 장남이 사장으로 취임했으나, 그 후 횡령과 탈세가 발각되었다. 장남은 그 후 장기간 해외로 도피했으나 방송이 방영된 후 돌연 한국에 돌아와 벌금을 내었다. 장남 퇴임 후 《국민일보》는 조용기의 차남이 계승했다. 또한 조용기의 아내는 교회가 소유한 학교 법인인 한세대학교 총장을 맡고 있다.

전 대통령 이명박이 장로로 봉직했던 소망교회에서는 담임 목사가 서울 근교의 신흥 주택가 분당에 분당예수소망교회라는 큰 교회를 지어 자신의 아들에게 그 교회를 맡긴 데다가 건축 비용의 많은 부분을 소망교회가 지원했다. 이 사례는 말하자면 변형된 세습인 것이다.

서울 금란교회는 신자 수가 10만 명 이상인 세계 최대 규모의 감리교회로 알려져 있다. 담임목사인 김홍도는 교회 재산 횡령죄로 이미 유죄 판결을 받았다. 그는 집행유예 중에도 보통 때와 다름없이 목사로서의 활동을 계속했다. 김홍도는 2008년에 은퇴하고 담임목사직을 아들에게 넘겼으나 '감독'의 입장에서 현재도 일요일에 설교를 하고 있다고 한다.

그러나 개신교 62개의 교단으로 구성된 한국기독교총연합회는, 세습화가 개개 교회 내부의 문제이기 때문에 간섭하지 않는다는 입장을 표명하고 있다. 상당수의 대형교회에서 담임목사 지위의 세습을 끝냈든지 혹은 준비 중인 상황이라고 한다. 물론 개신교 전체가 다 그런 것은 아니라고 방송에서는 강조하고 있다.

과세에 저항하는 정치적 압력

속편 '세금 안 내도 되는 사람들'에서는 취재 대상이 불교 등 다른 종교 단체 전반에도 미치고 있으나, 계속해서 개신교회를 크게 다루고 있다. 종교 법인의 비과세에 의한 한국 교회의 불투명한 재정을 지적한 것이다.

한국에서 종교 단체는 공익을 위해 일하는 비영리 단체로 간주되어, 종교인 면세 규정은 없으나 실제로는 비과세가 관행화되어 있다. 현재 세금을 내고 있는 곳은 가톨릭교회와 일부 개신교회이다. 대형교회 가운데에는 납세 의무가 없는 것을 구실로 수입과 지출을 불투명하게 하고 있어 실제의 수입·지출을 성직자 외에는 파악할 수 없는 곳이 있다. 대형교회의 경우 재정 수입이 대단히 많기 때문에 문제 역시 크다.

앞의 방송에 의하면 여의도 순복음교회는 2000년 수입 중 75퍼센트 이상에 해당하는 1300억 원이 신도들의 헌금에 의한 것이다. 그러나 그 용도에 대해서는 불투명하다. 이 교회에는 약 1300명이나 되는 장로가 있으나 그들 대부분이 상세한 내용은 알지 못한다고 한다.

1960년대부터 종교 단체 안팎에서 납세 의무화를 논의해 왔으나, 오늘날까지 국세청은 정치가의 비위를 맞추느라 별반 움직임을 보이지 않고 있다. 종교 단체가 정치적 압력 단체가 되어 있기 때문이다. 1992년에 이 문제가 다시 논의되어 국세청에서는 '종교인의 자율에 맡긴다'라고 발표했다. 이에 가톨릭교회는 1994년 가톨릭 주교 회의에서 납세 문제를 논의하고 납세를 정식으로 결정했다.

수입·지출을 공표할 뿐만 아니라 소득세를 내고 있는 개신교회가 있는 것도 사실이다. 이러한 교회는 수지가 불투명한 교회를 비판하고 있다. MBC 방송의 프로그램은 단순히 외부에서 주장하는 교회 비판이 아니고 개신교회 관계자들로부터 협력이 있어 제작이 가능했던 측면도 있다.

MBC 프로그램 외에도 이러한 교회의 모습에 의문을 제기하는 사람들이 존재하는 것이 사실이다. 교회가 커다란 영향력을 가지고 있기 때문에 선거 때에는 표를 모으는 조직이 될 수 있다. 대형교회는 말하자면 거대한 표밭인 것이다. 대통령 후보가 신자일 경우 교회가 그 후보를 미는 경우가 있다. 개 중에는 특정 후보자의 이름을 노골적으로 거론하는 목사도 있다고 한다. 한국에서는 정당을 지지하는 것보다 정치가 개 인을 지지하는 경우가 많다. 정당이 대통령을 배출하는 것이 아니라 대통령이 정당을 만드는 것이다.

이명박 대통령은 취임 당초 내각을 구성할 때 주요한 인맥 에 그의 출신교인 고려대학교, 소속 교회인 소망교회, 그리고 영남 지역이라는 세 요소가 영향을 미쳤다고 비판을 받았다. 이러한 교회 네트워크를 이용한 인사는 대통령이 다니는 교 회의 이름을 따서 '소망교회 인사'라고 불리며 보도되었다.

교회의 대형화와 확대

한국에 전래된 개신교회는 유럽형의 국가 교회가 아니라 미 국형의 교파 교회였다. 그러나 과도한 교파 분열에 의해 교회 가 각 교파의 교단보다 자기 교회를 중시하는 개별교회주의 를 택하게 되어, 신자가 자신의 기호에 맞는 설교자를 찾아 교회를 옮긴다. 그 결과 특정 교회에 신자가 집중되어 대형교회가 출현하기에 이르렀다.

대형교회의 출현은, 한국 사회가 산업화되는 과정에서 농촌에서 도시로 인구가 이동하여 특히 서울 강남 지역 등에 집중된 것이 그 배경이 되었다. 그러한 과정에서 개신교회는 도시부의 종교로서 확고한 지위를 확보했다. 한편으로 대부분의 도시 교회는 많은 사람이 단지 모이기만 하는 교회가 되어 지역 사회와 서서히 격리되어갔다.

일요일이 되면 지역 사회와 관계가 없는 신자들이 멀리서부터 모여들고 또 흩어진다. 그 신자 역시 소속 교회를 달리하는 기독교 신자와 서로 이웃해서 살고 있다. 그 지역의 교회로부터 어떠한 속박도 받지 않는다. 신자들이 소속 교회로부터 속박받지 않는 편리함을 즐기고 있는 경향도 부정할 수 없다. 대형교회도 그 지역과 거의 관계를 형성하지 않으며 영향을 끼치는 일도 없다. 또한 그 지역 주민들에게 반감을 사고 비난당하는 사례조차 있다. MBC 방송의 보도에 의하면 일부 대형교회에서 일요일에 모여드는 신자들을 위해 교회 부근의 토지를 매입해 커다란 주차장을 만들었지만, 주일 예배나 모임이 있는 날 이외에는 거의 비어 있는 주차장을 지역 주민에게 제공하지도 않고 문을 굳게 걸어 잠그고 있기 때문에 지역 주민들에게 비난을 산다고 한다.

1990년대에는 한국 개신교회의 성장 둔화와 쇠퇴라고 할수 있는 현상이 교회 내부 사람들에게 커다란 관심사였다. 이미 1970년대에서 1980년대에 걸쳐 일어난 것과 같은 많은 개종자를 기대하기 어렵다는 말이 나오고 있다. 이러한 배경에는 사람들이 교회를 떠나는 일도 있으나, 그뿐 아니라 개신교에서 가톨릭으로 개종하는 경향도 있다. 1990년대에 개신교회는 마이너스 성장이었음에도 가톨릭교회의 신자 수는 증가했다.

그 원인의 하나로 가톨릭교회가 사회 문제에 많은 관심을 기울여, 1961년부터 1980년대까지의 군사 정권 시대에 정권에 비판적인 자세를 취함으로써 일반 사람들, 특히 젊은 층의 신뢰를 얻었던 것을 들 수 있다.

한편으로 한국 교회는 신자 수가 많을 뿐만 아니라 지금도 활발한 움직임을 보이고 있다. 유럽에서는 일반 사람들이 교회를 떠나는 현상이 심각해진 지 이미 오래다. 일반 신도 수의 감소는 곧 신자 수 전체의 축소를 의미하며 성직자 부족이라는 문제를 초래한다. 교회를 유지하기 위해 성직자 부족은 당연히 심각한 문제이다. 그러나 현재 한국에서는 성직자를 지망하는 젊은이가 적지 않다. 특히 개신교회에서 목사는 교회가 커지면 경제적으로 윤택해지기 때문에 신학교나 대학 신학부에 입학을 희망하는 젊은이가 끊이지 않는다. 그러나 근래 한국 개신교회가 성직자를 무계획적으로 양성한 결과, 능력 없는 성직자를 과잉 배출하여 성직자 취업난이라는 사태가 벌어졌다는 우려마저 일고 있다.

2
대형교회주의와
개별교회주의의 함정

한경직과 영락교회

교회가 대형화됨에 따라 다양한 문제가 지적되지만, 대형교회 그 자체가 모두 부정적 존재인 것은 아니다. 또 개신교회의 성직자 모두가 청빈을 잊어버린 것도 아니다. 대형화와 세속화라는 비난에 직면하고 있는 한국 개신교회에도 청빈과 헌신의 생애로 교회를 초월하여 존경받고 있는 목사도 있다. 20세기를 통해 한국 개신교회를 지도한 한경직 목사(1902~2000)가 그 사람이다.

한경직은 1902년에 북한 지역인 평안남도에서 태어났다. 1925년에 평양숭실전문학교를 졸업하고 미국 선교사의 원조

한경직

를 받아 미국 엠포리아대학, 프리스턴신학교에서 공부했다. 예일대학으로 진학을 앞두고 결핵을 앓아 한때 사경을 헤맸다. 그 병상에서 만약 완치되면 귀국하여 성직자로 살겠다고 결심했다. 그 후 기적적으로 완치되어 1932년에 일제 지배 하의 조선으로 귀국하여, 신의주 제2교회에서 목사로 일했다. 그러나 신사 참배를 거부함으로써 교회에서 강제 사임되고, 자신이 설립한 남신의주의 고아원에서 고아들과 함께 생활했다. 해방 직후 그는 공산주의자들로부터 신변의 위협을 느껴 서울로 월남했다. 그해 12월 북한에서 이주한 사람들을 모아 베다니 교회를 시작했다. 이것이 현재 영락교회의 전신이다. 교회는 나날이 성장했으나, 1950년 6월 한국전쟁이 발발하자 그는 부산으로 피난했다. 전쟁 중에 그는 피난민을 위해 개신교회의 총연합 조직인 '기독교연합 전시비상대책위원회'를 결성했다. 그는 그 회장으로서 미국 대통령 해리 트루먼과 총사령관 더글라스 맥아더 등에게 메시지를 보내고 미군 사령부와 미국 교회와 교섭하며 식량 등의 물자를 원조받아 피난민과

영락교회

전쟁 고아에게 배급했다.

한경직은 담임목사로서 영락교회를 한국 유수의 장로교회로 성장시켰다. 한경직은 대형교회의 담임목사로서뿐만 아니라 사회 봉사의 업적으로 교회를 넘어 존경을 받았다. 필자는 영락교회와 무관하나 그가 보여준 삶의 방식에는 존경을 금할 수 없다. 그는 많은 것을 성취한 사람이었으나 사회적 약자를 위해 살았던 사람이기도 했다. 한국전쟁에서 과부가 늘어나자 한국 최초로 모자 시설 다비다모자원을 설립했다. 영락사회복지재단을 설립하고 돌봐줄 사람이 없는 노인을 위해 1952년에 영락경로원을 개원했다. 전쟁 고아가 늘어나자 미국 선교사 밥 피어스와 함께 선명회를 설립하여 그들을 도왔다. 선명회는 현재 월드비전이라고 개칭하여 세계 100개국이 넘는 국가와 지역에서 활동하는 세계 최대 규모의 개신교 NGO(비정부조직)로 성장했다.

한경직의 업적은 해외에서도 높이 평가되어, 1992년에 종교 분야의 노벨상이라고 불리는 템플턴상을 수상했다. 현재 한국인으로서는 유일한 수상자이다. 템플턴상은 미국의 실업가 존 템플턴(1912~2008)이 노벨상에 종교 부분이 없는 것을 안타깝게 여겨 1972년에 사재를 털어 재단을 설립해 제정한 것이다. 한경직은 상금 102만 달러를 받자 바로 북한 선교를 위해 전액을 헌금했다. 그가 "1분간 백만장자가 되었다"라며 웃었다는 유명한 일화가 있다.

한경직은 청빈한 생애를 보냈다. 자신의 이름으로 소유한 부동산도 없고 저금통장 하나 없었다. 가난한 사람들에게 모든 것을 나누어준 것이다. 70세가 된 것을 계기로 자신이 설립한 영락교회에서 은퇴했다. 그때 영락교회에서 집을 주었으나 자신에게는 너무 크고 호화롭다며 거절했다. 여생을 한국 교회와 해외 포교를 위해 일하다가 2000년 4월 서울의 작은 집에서 98세로 소천했다. 그가 남긴 것은 옷 몇 벌과 40년 간 사용한 일인용 침대와 안경 그리고 늘 애독하던 성서뿐이 었다고 한다.

대형교회주의와 개별교회주의

한국 교회의 커다란 특징으로 대형교회주의와 개별교회주의 를 들 수 있다. 대형교회는 한국뿐만 아니라 미국에서도 볼 수 있다. 미국 교회는 사회 정세에 대응하는 방식이나 신학적 해석을 둘러싸고 분열과 통합을 반복했고, 근자에는 정치적 이데올로기에 의해 재편성되어 종래의 교파성이 서서히 상 실되어 가고 있다. 그리하여 교파 불문을 전면에 걸고 포교하 며 신자 수를 증가시키는 초대형교회(megachurch)가 급증하 고 있다(호리우치 가즈노부,《미국과 종교》). 한국 사회 전반의 미 국 지향은 교회에서도 예외가 아니어서, 도시화 등 대형교회 를 만들기 쉬운 상황과 맞물려 대형교회 지향의 목회는 한국 교회의 커다란 특징이 되고 있다.

더구나 여기에 한국 특유의 개별교회주의가 더해진다. 한 국의 교회사 연구자인 김영재는 교회 분열과 개별교회주의 를 심각한 문제라고 지적한다(김영재,《한국 교회사》). 많은 개신교회가 교파 교회로서 확대해가는 것이 아니라 어디까지나 하나의 교회인 채로 확대되어가는 것이다. 개별교회주의라 함은 교파보다도 교회의 확대를 지향하는 것으로, 그렇게 되면 교단의 제약을 별로 받지 않고 교회 자체가 최종적인 권한을 가질 수 있게 된다. 그리고 교회의 담임목사는 카리스마적 지도자로서 숭배되는 경향이 있다. 자칫 잘못하면 그는 작은 황제가 되어 얼마든지 독재가 가능하게 된다. 이것이 부패를 불러오고 오류를 범하는 여지를 만든다.

김영재에 의하면, 한국의 신자는 무당이 신과 인간의 중개자 역할을 담당하는 무속 신앙에 익숙해져 있기 때문에 목사를 제사장으로 보는 경향이 강하다고 한다. 이것이 개별교회주의의 하나의 토대가 되고 있다는 것이다. 이러한 종교적 배경에서 목사는 카리스마적 권위를 지향하거나 교권주의에 빠지기 쉽다. 여기에도 역시 독재, 부패, 노선 일탈의 여지가 생긴다. 카리스마적 교권주의는 개별교회주의의 원인임과 동시에 결과이기도 하다.

개별교회주의의 더 큰 또 하나의 원인으로 교회 분열을 들수 있다. 교회 분열과 그에 따른 경쟁적 교세 확장에 의해 개별교회주의가 생기게 되었다. 일본에 의한 신사 참배 강요의 후유증으로 해방 후 교회 분열이 반복되었는데, 그 후에도 신학적 견해나 교회 내의 주도권 다툼 등으로 심각한 분열이 계속되었다. 여기에는 미국의 많은 교파에서 파견된 선교사들에 의해 다수의 교파 교회가 난립하여, 교회의 분리나 분립을 문제시하지 않는 교회관이 형성된 것도 영향을 미쳤다고 할 수 있다. 그 결과 다음과 같은 상황이 초래되었다.

첫째로 불건전한 신학과 이단이 생겨나기 쉬운 상황을 만들게 되었다. 그 가운데에서도 한국의 장로교 교회는 특히 교회 분열이 심각하여 교파 내에 수백 개의 교단으로 분열되었다고 한다. 이로 인해 불건전한 신학을 가진 종교 집단도 장로교의 간판을 걸고 수많은 교단 중 하나로 위장하여 안전하게 존재하는, 이른바 이단의 온상이 되었다고 지적되고 있다.

두 번째로 지역 사회와 괴리가 일어난다. 각 교회 간의 교세 확장 경쟁에 의해 교회는 필연적으로 대형교회를 지향하게 되어 점차 개별교회주의가 강화된다. 그 결과 교회는 지역 사회 교회로서의 성격을 상실하게 되는 것이다. 교회가 지역 사회와 관계없는 신자들의 예배와 그들의 종교적 목적을 위해 모이는 장소가 되고, 예배 후에는 그 지역 사회와 거의 관계없는 개별적 신자로서 살아간다. 그들 대다수는 사회 문제에는 관심이 없다. 그 결과 교회가 사회 환원에 소극적이라고 비판받으며 사회적 공신력을 잃게 된 것이다.

세 번째로 교세 성장의 일환으로서 해외 선교 등을 독자적으로 행하여 사회적 혼란을 초래한다. 개별교회주의의 교회가 선교사의 해외 파견 등을 독자적으로 행하고 그 성과를 국내에 과시하는 풍조가 일어나기도 한다. 한 교회가 독자적으로 선교사를 파견하기 때문에 해외 선교에 선교 정책도 없고 지원책도 정해지지 않아 그 활동에 많은 혼란이 따르게 된다. 그 결과 2007년 아프가니스탄 인질사건과 같은 일도 일어나게 되는 것이다.

한국 교회의 분열은 개별교회주의를 초래하고, 개별교회주의는 대형교회주의를 만들어낸다. 대형교회는 개별교회주의가 극도로 현저해진 현상이라고 할 수 있다. 더구나 교회는 교세 확장을 경쟁하는 과정에서 신자들을 윤리적으로 지도하는 것을 거의 단념했다는 비판조차 받고 있다. 그 결과 교회는 다양한 행사나 사업을 할 때 한국 교회 전체의 이익을 생각하기보다는 자기 교회의 성장을 우선시하는 일이 종종 일어난다.

그러나 한국 교회는 더 이상 그 자체의 존립에 집착해야 할 소수의 종교 집단이 아니다. 사회에 커다란 영향을 미치고 있으며 사회를 주도할 만한 힘을 가지고 있음을 교회 스스로가 인식해야만 한다. 얼마나 많은 사람을 기독교인으로 만들었는가를 문제시하기보다 기독교인으로서 어떻게 살아갈 것인가에 더 커다란 힘을 쏟아야 할 것이다.

또 교회는 스스로의 재정적·사회적 영향력을 한국 사회에 환원해야만 한다. 교회를 비판하는 프로그램을 방송한 MBC 기자가 지적한 대로, 이렇게 많은 신자가 있으므로 교회의 건전성이 한국 사회 자체의 건전성이 된다는 생각을 가져야만 한다. 동시에 이단화한 교회가 출현할 경우 개신교회로서 어떻게 대처해야 할 것인가를 고려해야 할 것이다.

한국의 이단 발생 요인을 규명하는 것은 쉽지 않으나, 이미 말한 것처럼 교회 분열과 그에 의한 개별교회주의가 큰 배경이라는 것은 부정할 수 없다. 한국 교회는 개별교회로서 다른 교회와의 관계성이 희박해지는 경향이 있다. 그 과정에서 특정 교회가 이단화될 경우 사회적 문제를 일으키지 않는 한 주위에서 이를 쉽게 알아차리지 못하는 것이다.

이단의 문제

이제 여기서 한국의 컬트(이단) 문제에 대해 좀 더 생각해보고자 한다. 일본에서 '컬트'와 '이단'은 의미가 명확히 다르나, 한국에서는 '컬트'에 상응하는 단어로 정통적 기독교에서 일탈했다는 의미에서 '이단'이라는 단어가 사용되고 있다. 이는 기독교계 컬트에 한정되는 호칭이다.

한국 이단 연구자인 이태복에 의하면, 이단이란 "성서를 왜곡하여 인간이 자기 주관에 따라 해석한 것을 하나님의 말씀이라고 위장하고 하나님이 세운 교회를 파괴하고자 다른 복음을 퍼뜨리는 것으로, 영원하고 절대적이며 완전한 진리인 기독교 경전, 신·구약 성서 66권을 가감하는 등 삼위일체 하나님을 부정하는 주장"을 가리킨다고 한다(이태복, 《이단 종합 연구》).

이단의 공통점으로 기독교회가 존중하는 성서의 권위보다 이단이 독자적으로 만들어낸 복음에 권위를 부여하며, 신의 특별한 계시가 아직까지 계속되고 있다고 주장하는 것이다. 이단은 자신들이 신과 직접 소통하여 계시를 받고 있다고 주장하고 그 지도자를 반드시 숭배의 대상으로서 신격화한다. 그 결과 신자에 대해 교주가 된 지도자에게 절대적으로 복종

할 것을 요구한다. 또 불건전한 신비주의를 가지며 외부와 단절시키려고 하는 등 폐쇄적 성향을 갖는다. 동시에 비윤리적이고 부도덕적인 면을 함께 가지고 있다. 그리고 전통적인 기독교교회와 정당한 교리를 왜곡 내지 부정하여 자기들만이 진리를 알고 있다고 주장한다. 그리스도 중심이 아니라 그들 자신의 이익을 우선시한다. 이상이 이태복을 중심으로 하는 전문가들이 지적하는 이단의 특징이다.

이단의 특징으로서 성서로부터의 일탈을 들 수 있는데, 표면상의 교리와 내부자들을 향한 교리가 상이한 경우도 종종 있으며, 또한 이단이 폐쇄성을 가지고 있기 때문에 외부에서 들여다보고 판단하는 것은 극히 어렵다. 타자를 배척하려는 독선성은, 그들 사이에서 반사회적 행동을 정당화하는 것으로 연결된다.

이단 연구자 탁명환에 의하면 한국은 어떤 의미에서 종교박람회장이라고 말해도 과언이 아닐 정도로 다양한 종교가 공존하고 있으며(탁명환,《한국 신흥 종교의 실정》), 그 가운데 이단이 건전한 교회의 간판을 공공연하게 내걸면서 내부적으로는 비밀리에 불건전한 교리를 전하고 있는 것이 현실이라고 한다(탁명환,《기독교 이단 연구》). 탁명환도 지적하고 있는 것처럼 이단의 발생은 기존 종교, 특히 기독교회의 제도적 부패와 타락이 그 원인의 하나이다. 또한 자유주의적 신학에 의해 파생된, 성서로부터 일탈된 신학이 컬트의 온상이 되어 폐쇄적 경향을 갖는 기존 교회에 대한 반발로 인해 컬트가 발생하게 된다고 한다.

일본에서도 크게 사회 문제가 된 통일교회는 한때 한국에서 '평화통일 가정당'이라는 정당을 조직하여 정치 단체로서도 활동을 시작하려 했다. 그러나 2008년 총선거에서는 지지율이 낮아 정당으로서의 등록이 말소되었다. 한국 개신교회의 2대 단체인 한기총과 NCCK는 통일교회의 이러한 활동이 교단 확대를 시도하는 움직임이라고 경계하며 감시를 위한 특별위원회를 설치하는 등 대책을 강구하고 있다고 한다.

3
북한의 교회

북한 교회의 발자취

북한에 어떻게 대처해야 하는가는 한국에서 회피할 수 없는 문제이다. 가톨릭, 개신교를 불문하고 한국 교회에 있어서 북한은 가장 강한 관심의 대상이자 포교 가능성을 모색하고 있는 지역이기도 하다. 실제로 북한에 인도적 지원 활동이나 포교 활동을 하고 있는 교회도 있다. 지원과 포교는 현재로서는 분리해서 생각해야만 할 것이다. 한국에서는 '다가올 남북 통일을 시야에 두고'라고도 말하나, 그때 교회가 어떻게 대처할 것인가를 생각해둘 필요가 있다. 포교 활동에는 당연히 장기적 전망이 요구된다. 그렇다면 한국과 북한의 관계를 기독교를 통해서 바라보면 어떻게 될 것인가.

개신교가 조선에 전해졌을 때 당초에는 남한보다 북한 지역에 넓은 기반을 가지고 있었다. 조선 포교를 시도한 개신교 선교사들이 북쪽으로부터 한반도에 접근해왔기 때문이다. 1866년 개신교 선교사 로버트 J. 토마스가 평양에서 최초의 순교자가 되었는데, 그를 참수한 박춘권이라는 인물은 처형 직전에 토마스가 건네준 성서를 읽고 신자가 되었다고 한다. 그 후 평양의 교회는 평양이 '동양의 예루살렘'이라 불릴 정도까지 성장했다. 1938년에 한반도에는 약 60만 명의 신자가 있었는데 그 가운데 약 75퍼센트가 평양을 포함한 서북 지역에 거주하고 있었다(사와 마사히코, 〈해방 이후 북한 지역의 기독교〉, 김흥수 편, 《해방 후 북한 교회사》 수록). 이 지역에는 개신교교회가 압도적으로 많았으나 가톨릭교회 활동의 중심지이기도 했다(한국기독교역사연구소·북한교회사집필위원회, 《북한 교회사》).

개신교교회는 일제 하에서 독립운동의 거점 중 하나가 되었는데, 북한 지역이 그 중심이었다. 1930년대부터 시작된 신사 참배 강요는 이를 거부하는 교회에 대한 탄압으로 직결되었다. 당시 기독교가 북한 지역에서 더 번창했기 때문에 이 지역의 교회와 미션스쿨이 큰 타격을 받았다. 한편 가톨릭교회는 개신교교회에 비해 신자 수가 상당히 적었다. 1940년 북한 지역 가톨릭 신자 수는 개신교의 약 16퍼센트에 불과했다(앞의 책).

당시 북한 지역에서는 개신교회에 많은 지식인이 모여 사회에 커다란 영향력을 가지고 있었다. 해방 후 교회 내에는 지난날의 신사 참배 문제를 둘러싸고 내분이 일어났으나, 한편으로는 정치적으로 재빠른 움직임을 보여 기독교 사회민주당과 기독교 자유당 등의 정당을 조직했다. 1945년 말까지 북한 지역의 기독교인들은 공산주의자들과 우호적 관계를 유지했으나 점차 대립이 심화되었다.

한국전쟁 후 북한에 사회주의화가 본격화됨에 따라 기독교 말살 정책이 실시되었다. 북한 당국에 의한 기독교 지도자들의 구속과 교회에 대한 탄압이 이어졌으며, 한국전쟁을 거치면서 기독교는 혹독한 탄압을 받게 되었다. 이 사이 대부분의 기독교 지도자들이 순교하거나 남한으로 탈출했다고 한다. 북한의 기독교회는 일본으로부터 받았던 탄압보다 더욱 혹독한 길을 걷게 되었다. 1958년경에 이르면 교회 조직이 대부분 파괴되고, 1960년대에는 이미 종교 말살 정책이 완료된 것으로 보인다.

1970년대에 들어서면서 김일성을 비롯한 북한 지도자들이 종교인이 아무도 없기 때문에 종교도 존재하지 않는다고 공언하기에 이르렀다. 1972년 8월에 평양에서 열린 남북적십자회담에서 강양욱이 행한 발언으로 북한에서는 표면상으로 기독교회가 이미 소멸되었음이 공식적으로 확인되었다.

북한의 조선기독교도연맹

그러나 1980년대에 들어서자 북한은 이전의 태도를 일변하여 공식적으로 국내에 기독교 신자가 있다고 발표하였다. 그리고 조선기독교도연맹을 통해 세계의 기독교회와 교류를 시도한다. 조선기독교도연맹이란 1946년 김일성의 인척인 목사 강양욱이 김일성을 지지하기 위해 만든 조직이다. 이 조직은 김일성의 지도 아래 조선노동당 정권이 기독교 조직을 분열시켜 그 영향력을 장악하기 위해 이용되었다. 강양욱은 후에 북한의 부주석이 되었다. 그가 바로 1972년 남북적십자회담 석상에서 북한의 기독교회 소멸을 말한 인물이다.

1985년 미국과 일본, 캐나다의 교회협의회가 각각 북한 교회를 방문했고, 1986년에는 세계교회협의회(WCC)의 주최로 스위스의 그리온에서 남북 기독교 대표가 처음으로 회합을 갖기에 이르렀다. 그 후에도 한반도의 남북 교회 관계자의 교류는 계속되고 있다. 1980년대 중반 이후 한국전쟁을 치른 뒤 처음으로 국가의 적극적 지원 아래 교회가 건설되었다. 곧 1988년 10월 평양에 건설된 개신교의 봉수교회와 가톨릭의 장충성당이다. 1989년 칠골교회가 김일성의 지시로 재건되었는데 봉수교회와 비교하면 규모와 내장이 떨어진다는 이유로 1992년에 개축되었다. 칠골교회는 김일성 및 그 가족과 밀접한 관계가 있다는 점에서 특별한 의미가 있다.

실로 기묘한 일이나 김일성은 그 성장 과정에 기독교적 환경에서 자랐다고 한다. 김일성의 부모, 특히 어머니 강반석은 열렬한 기독교 신자였다. 이름도 그리스도의 제자인 베드로를 의미하는 '반석'이었다. 일찍이 칠골교회는 김일성의 외조부가 장로였고 어머니 강반석이 어릴 때부터 다녔던 곳으로 김일성 역시 어린 시절에는 이 교회에 다녔다고 한다. 후일 부주석이 된 강양욱 역시 유소년기를 여기서 보냈다고 한다. 재건 후에는 김일성의 어머니 이름을 따서 반석교회라고 불리고 있다(한국기독교역사연구소·북한교회사집필위원회, 《북한 교회사》; 최영호, 〈김일성 생애 초기의 기독교적 배경〉, 김흥수 편, 《해방 후 북한 교회사》).

북한 교회 연구자인 박광수 목사는, 북한의 기독교에 대한 정책은 조선기독교도연맹을 세계 교회 조직에 가입시킴으로써 북한 기독교의 존재를 세계에 알려 북한 당국이 고립을 벗어나 남북 통일의 주도권을 잡으려는 노력의 하나라고 설명하고 있다. 그는 "어쨌든 이러한 움직임으로 북한의 기독교는 실존 여부를 떠나 세계 교회 앞에 그 존재가 부각된 것은 사실이다"라고 말하고 있다(김광수,《북한기독교 탐구사》).

또 일본 기독교단 목사였던 사와 마사히코(澤正彦, 1939~1989)는 북한의 국가 주석 김일성의 사상을 분석했다. 사와는 연세대학교 신학대학원과 미국 프린스턴대학원에서 유학하고 군사 정권 아래의 서울에서 목회한 경험을 가지고 있다. 사와는, 김일성 자신은 기독교에 관한 견해를 별로 밝히고 있지 않으나 기독교도는 미국을 숭배하는 경향이 있어 자신의 반대 세력이라고 규정하고 있다고 설명한다. 기독교는 개인 숭배를 인정하지 않는다. 사와는 북한의 사상은 기독교와 상반된다고 판단한다. 개인 숭배의 국가에서 기독교 신앙이 받아들여질 리 없다. 기독교가 미국과 결부되어 있다는 견해는 북한이 한국을 평가하는 요소로 이용되어왔다고 한다(사와 마사히코,《남북조선기독교사론(南北朝鮮キリスト教史論)》).

북한의 기독교를 어떻게 볼 것인가

북한 기독교에 대하여 먼저 가톨릭의 한국교회사연구소 소장을 역임한 최석우가 몇몇 논문을 발표했다. 최석우는 독일 본 대학에서 신학 박사학위를 취득하고 한국의 가톨릭계 여러 대학에서 교편을 잡은 한국을 대표하는 신학자의 한 사람이다.

최석우는 1945년 해방 이후 북한이 집요하게 종교 탄압을 행했음을 지적하고 있다. 앞에서도 말했으나 한국전쟁 이후 북한에 의한 종교의 '탄압 정책'은 '말살 정책'으로까지 이행되었다. 그 과정에서 북한은 기독교연맹이나 불교연맹 등 '유사 종교 단체'를 만들어 정치적으로 이용했다. 유사 종교 단체란 실상은 다름에도 표면적으로 종교 단체로 위장하고 있는 것을 말한다. 그러나 가톨릭에 대해서는 그러한 유사 종교 단체를 만들지 않고 언제나 탄압과 말살의 대상으로 보았다고 한다.

한국전쟁 시기에 가톨릭 사제는 체포, 처형, 추방되었고 교회 등의 시설 등은 모두 몰수, 파괴되었기 때문에 한국전쟁 후에 가톨릭은 이미 존재하지 않았다. 예를 들면, 가톨릭의 평양대성당은 1949년 정부가 몰수해서 소년궁전(소년들을 위한 극장)으로 만들어버렸다. 1960년 원산에서 기독교인이 발각되어 처형된 사건처럼 종종 탄압이 재개되고 있기 때문에 기독교 교인들이 은밀히 신앙을 간직하고 있음을 알 수 있다. 다른 종교로서는 정치적으로 이용된 적도 있던 천도교가 1950년 중반에 말살되었고, 1960년 중반까지 불교의 말살이 완료되었다고 한다.

그러나 북한은 1972년에 남북대화가 시작된 것을 계기로 유사 종교 단체를 부활시켰다. 국제종교회의에 유사 종교 단체의 대표를 출석시켜 북한이 국제 사회에 진출하기 위한 수단으로 종교를 이용하기 시작했다. 마치 북한에도 종교의 자유가 있는 것처럼 위장하기 시작한 것이다. 이러한 상황에서도 북한에서 가톨릭이 허용된 적은 없었다. 북한의 유사 종교가 갖는 또 하나의 특징은, 사람들에게 국가 주석인 고 김일성을 숭배하게 하여 그를 신격화하는 데 성공한 점이다(최석우, 〈북한의 종교 탄압과 유사 종교〉, 《한국교회사의 탐구 II》). 최석우는 북한의 종교 정책을 엄중히 규탄하면서도, 동시에 북한에서 기독교가 확대될 희망도 버리지 않고 있다. 한국 가톨릭교회는 북한에 대한 관심을 계속해서 기울이고 있는 것이다.

개신교회에서도 북한의 기독교회는 외부에 대한 선전용으로 만들어진 것에 불과하다는 견해가 적지 않다. 김광수는

"최근 북한에 교회가 세워졌으나 그것은 정치적인 목적에서 외교적 선전용으로 북한 당국에 의해 운영되는 기관에 불과하다"라고 말하고 있다(김광수,《북한 기독교 탐구사》).

한국기독교역사연구소와 북한교회사집필위원회가 편집한 《북한 교회사》는 그 서두에서 1980년대까지의 북한 교회에 대한 견해는 부정적 이미지와 경멸의 의미를 담은 '어용 종교 집단'이나 '위장 종교 집단'이었다고 설명한다. 이 책은 이러한 냉전 시대의 관념에서 탈피하려는 견해를 가지고 있다고 자부하고 있으나, 그럼에도 "북한에서 교회 존재 그 자체가 몇 가지 특수한 경우를 제외하고는 인정되지 않는 점에서, 현재 북한 교회는 허약한 형태의 '국가 교회'라고 말해도 좋다고 생각된다"라고 결론짓고 있다.

여기에서 그들이 말하는 '국가 교회'란 국가가 지배하며 정치 목적을 위해 이용하는 형태의 교회를 가리킨다. 어쨌든 북한 교회가 참된 종교의 자유에 입각한 종교 집단으로 간주되고 있지 않다고 할 수 있다.

사와 마사히코는 1948년 9월 북한 헌법이 소련 헌법을 토대로 작성되었다고 보고 있다. 거기에는 '신교의 자유'가 논해지고 있으나, 당시 종교 문제에 민감하던 북한 정부가 기독교 신자와 천도교 신자를 자극하지 않기 위해 소련 헌법에 있는 '반종교 선언의 자유'는 게재하지 않았다고 한다. '반종교 선언의 자유'라는 것은 종교를 부정하는 자유이다. 북한에서는 1972년 신헌법에서 처음으로 '반종교 선언의 자유'가 게재되었는데, 이 시점에는 북한 내에 이미 종교가 존재하지 않았다(사와 마사히코, 앞의 책).

4
한국에서의 접근

교회 재원에 의한 평양과학기술대학 설립

북한에 대하여 한국 개신교회로부터 다양한 접근이 시도되고 있는데, 그중 특별한 사업으로 2010년 평양과학기술대학이 한국 교회의 지원을 받아 개설된 것을 들 수 있다. 평양과학기술대학은 평양시에 위치하고 있다. 남북의 민간 공동 사업으로 추진되어 운영 자금의 대부분이 한국·미국·유럽 등의 기부로 조달되었다.

한국 교회가 출자하여 평양에 과학기술대학을 설립한다는 발상에는 그 배경이 있다. 이보다 앞서 1992년 한국의 동북아교육문화협력재단은 중국 지린성(吉林省)의 연변조선족자

치주 옌지시(延吉市)에 연변과학기술대학를 설립했다. 동북
아교육문화협력재단은 서울 소망교회 등 대형교회의 담임목
사들이 이사나 이사장에 있는 조직이다. 연변과학기술대학
을 중국에서는 외국인에 의해 설립된 최초의 사립 대학이다.
이 대학은 연변에 거주하는 조선족의 교육을 고려한 이과계
통의 대학이다. 교육 대상이 된 것은 과학 기술만으로 인문·
사회과학 등은 대상이 아니었다.

　중국에서는 1954년 중국 공산당의 주도 아래 '중국기독교
삼자애국운동위원회'가 설립되었다. '삼자(三自)'란 '자양(自
養)', '자치(自治)', '자전(自傳)'을 가리킨다. '자양'은 외부의
재정 지원을 받지 않는 것이고, '자치'는 외부의 통치를 받지
않는 것이며, '자전'은 외부의 선교를 받지 않는 것을 말한다.
문화대혁명 시기에 종교가 탄압되어 기독교 역시 탄압을 받
았으나, 그 후 중국기독교삼자애국운동위원회와 중국기독교
협회가 중국 공산당 공인의 개신교 합동교회로서 '삼자'의 원
칙을 계승하고 있다. 이 원칙에 의해 중국 교회는 중국인에
의한 포교 활동을 인정하지만 외국인에 의한 포교 활동은 허
락하지 않고 있다. 단 외국인이 자신들을 위한 종교 활동을
하는 것은 용인하고 있다. 한국인도 예외가 아니다. 또한 중

국 공산당은 공인 가톨릭교회로서 중국천주교애국회를 설립하고 있다.

그런데 연변과학기술대학은 설립 직후부터 중국 정부에 의해 높이 평가되어 1996년에는 국가 중점 대학인 연변대학과 통합되었다. 발족 당시에는 대학 평가가 유보된 사립 대학이었으나, 이 통합으로 졸업생에게 국가 승인의 졸업 증서가 발행되는 대학이 되었다.

북한 정부는 중국 연변과학기술대학의 성공에 관심을 가졌다. 이에 연변과학기술대학 설립자이자 총장인 김진경에게 북한 국내에 같은 방식의 대학 설립을 요청했다고 한다.

2001년 3월 북한의 교육성은 한국의 동북아교육문화협력재단이 평양에 '정보과학기술대학'을 설립하는 것을 인가했다. 같은 해 5월 평양과학기술대학 설립 계약이 체결되고, 다음해 6월에 한국의 통일부가 남북 교류 협력 사업으로 승인했다. 2002년 6월에 북한이 준비한 평양 시내의 부지에서 착공되어, 2009년 9월에 낙성식을 거행했다. 낙성식에 맞추어 김진경의 총장 임명도 행해졌다. 대학 이사장은 동북아교육문화협력재단 이사장인 곽선희 목사였다. 그는 서울 소망교회의 원로목사이기도 했다.

2010년 10월에 평양과학기술대학이 정식으로 개교했다. 캠퍼스는 평양과 개성을 연결하는 고속도로변에 건설되어 강의실과 기숙사 등 총 17동으로 구성되어 있다. 개교 시에는 학부생 100명과 대학원생 60명을 받아들였다. 김일성종합대학과 김책공업종합대학 등의 2, 3년생이 편입한 경우가 많았다고 한다. 교수는 미국, 영국, 캐나다, 네덜란드, 중국 5개국의 32명으로 구성되어 있다. 향후 독일과 오스트레일리아의 교수가 부임하여 총 약 40명이 될 예정이라고 한다. 당초 한국에서도 교수가 상당수 부임할 예정이었으나, 2011년 11월 시점에서는 남북 관계 악화로 부임할 수 없는 상황이 되었다. 모든 강의는 기본적으로 영어로 진행된다. 학부는 정보통신공학부, 농업생명공학부, 경영학부의 세 개 학부가 이미 개설되어 있고, 앞으로 보건의학부와 건설공학부의 개설을 계획하고 있다. 학비는 원칙적으로 무상이고, 재학생에게 생활비 등이 지급될 예정이다.

평양과학기술대학 설립을 두고 한국 내에서도 그 시비를 둘러싼 논의가 있었다. 설립은 '북한의 과학 기술 인재를 양성하는' 것과 '기독교 선교'를 목적으로 진행되었으나, 기독교 선교가 사실상 불가능한 북한의 실정을 고려하면 북한의 군사 기술에 기여하는 인재를 양성하는 것이 될 것이라는 지적이 이어졌던 것이다.

여담이지만 대학 건설지가 기독교와 인연이 있었다. 앞에서 말한 로버트 토머스가 순교한 평양에 토머스 순교 기념 교회가 설립되었으나, 그 후 건물이 파괴되어 잊혀졌다. 그러나 북한 정부가 대학에 준 부지에서 교회 종탑의 잔재가 확인됨으로써 그곳이 토머스의 순교지였음이 판명된 것이다.

탈북자의 지원

교회 활동의 하나로 이른바 탈북자 지원 활동이 있다. 그들의 한국에서의 생활을 지원하고 있을 뿐만 아니라 제3국을 경유하는 탈북을 돕고 있는 것이다. 한국 기독교 관계의 단체에는 탈북자를 적극적으로 지원하고 구조하는 활동을 하는 곳이 있다. 또한 한국의 교회 관계 NGO도 결코 적지 않다. 그러나 탈북자의 지원 활동은, 윤택한 자금과 조직력이 있어야 비로소 가능할 뿐만 아니라 현지 정부와의 알력을 피하기 위해 공식적으로 활동할 수 없어 여러 가지 위험에 처하는 경우가 많다고 한다.

북한 포교를 진행함에 있어서 한국 교회 관계자는 북한에 지금도 기독교신자가 존재한다고 보고 있다. 즉 공산화되기 전부터 북한 지역에 거주하고 있었던 신자, 한국전쟁 중에 군인으로 북에 들어가 그대로 남은 신자 등이 있으며, 나아가 외국으로 탈출해 기독교 신자가 되어 다시 돌아간 사람도 적지 않다고 보고 있다.

2007년 가을. 미국의 《뉴스위크》에서 신자가 된 탈북자를 다뤘다. 손정남의 예를 소개해보자. 그는 북한 정부 고관의 아들로 태어났다. 김정일의 경호 부대에 있었다고 한다. 손정남의 아내는 1997년 당국의 기아 대책을 비판했다고 해서 연행되어 심문을 받았다. 그때 심문 담당자가 임신중이던 아내의 배를 차서 유산했다. 손정남은 처자를 데리고 중국으로 도망쳤다. 그 직후 아내가 사망했다고 한다. 그는 국경 지대에서 탈북자를 지원하고 있던 기독교계 지하 조직에게 구조되었다. 그러나 그는 기독교로 개종한 후 선교사로서 북한에 돌아갔다. 그 후 그는 체포되어 사형수 감방에 보내졌다. 이후 연락이 끊겼다고 한다.

한미인권단체인 '순교자의 소리'에 의하면, 현재 북한 내에 수만에서 수십만 명 가량의 기독교인이 숨어서 신앙을 지키고 있다고 한다. 북한에 지하 교회가 존재하고 있다고 생각되는 것이다. 한국 교회의 북한에 대한 선교 방법의 하나로 북한어 성서 배포가 있다. 조선기독교도연맹이 1980년대에 신구약성서를 출판하고 1990년에도 합본을 출판했으나, 이것은 일반인에게는 배포되지 않고 당국이 세운 교회에서만 사용되고 있다. 따라서 탈북자들이 성서의 필요성을 주장했다. 한국어와 북한에서 사용되는 말 사이에는 같은 한글로 표기되어도 표현이 미묘하게 다르다. 북한에서 사용되고 있는 말은 '평양어'라고도 불린다. 평양어 성서는 탈북자를 중심으로 한국과 미국에서도 작성되고 있다. 예를 들어 한국 개신교회의 '모퉁이돌 선교회'는 신약성서의 평양어역을 간행하였고, 배포한 북한으로부터 이미 감사 편지를 받았다고 한다.

일본의 저널리스트인 사쿠라이 요시코(櫻井よしこ)는 오비림대학(桜美林大學)의 객원교수인 홍형(洪燊)의 견해에 근거하여, 한국 교회에 의한 지원이 북한 정권 유지에 이용된다고 비판하고 있다. 한국 교회와 재미 한국인 교회에 의한 거액의 헌금이 북한 정권에 건네졌을 것으로 생각되며, 북한의 공작이 "대부분의 기독교인의 선의를 김일성·김정은 체제를 지지하는 힘으로 변질시킨다"고 경종을 울리고 있다(《주간 다이아몬드(週刊ダイヤモンド)》 2011년 8월 6일호).

앞으로도 계속해서 늘어날 것이라고 예상되는 탈북자 문제나 북한 교회와의 관계는 한국 교회가 대처해야만 하는 가장 중요한 과제의 하나이다.

기로에 선 한국 교회

일본과의 관계

일본과의 관계에 대해 말한다면, 근래에 일본의 종교 단체가 한국에서 착실하게 확대되고 있음을 들 수 있다. 동서대학교 이원범 교수에 의하면, 2005년 8월 시점에서 한국에 일본 종교 단체가 18교단이 있으며 그 신자 수는 192만에 이른다고 한다(이원범, 〈한국의 일본 신종교(韓國における日本の新宗教)〉, 이원범·사쿠라이 요시토시 편저,《월경하는 한일 종교 문화(越境する日韓宗教文化)》수록). 이 시점에서 이는 한국 총인구의 4퍼센트를 넘는 비율이다.

현재 한국 최대의 일본 종교 단체는 한국창가학회(KSGI)이며 그 신자 수는 약 148만 명에 이른다. 서울 시내의 일등지에 본부 빌딩을 가지고 있다. 그 다음으로는 천리교로 신자 수가 약 27만 명에 달한다. 이들 두 단체만으로 일본 종교단체의 90퍼센트 이상을 차지한다고 한다. 이원범과 사쿠라이 연구 팀은 이들 일본의 종교 단체가 한국에서 확대되는 이유로, 교리 내용이 정비되어 있는 점, 포교 방법이 발달된 점, 병 치료 등의 이익이 사람들을 끌어당기는 점을 들고 있다.

1964년의 한일 국교 정상화 때 이들 단체는 조직을 재정비하고 1998년의 일본 대중문화 개방을 계기로 일본 본부의 지원을 받으면서 세력을 확대했다고 한다. 이들 일본 종교 단체는 차후에도 확대해갈 가능성을 가지고 있다고 생각되나, 반일 감정이 일어날 것을 염려하여 화려한 선전 활동은 피할 것이라고 보고 있다(이원범, 앞의 글).

한국 교회 일부 관계자는 한국에서 일본 종교 단체가 이렇게까지 확대되는 것을 위협으로 간주한다. 그러나 위협이라고 보는 것과 동시에 이들 일본 종교 단체의 포교 방법을 재고해볼 필요도 있지 않을까.

본서의 제1장에서 최근 개신교회의 정체(停滯)는 개신교 신자가 교회를 떠나거나 가톨릭으로 이동하고 있음에 기인

한다고 기술했다. 기독교 신자가 불교계의 교단으로 이동하는 일은 거의 없다고 봐도 좋을 것이다. 그러나 일본 종교가 한국에서 아직도 확대를 계속하고 있는 것은, 한국 기독교회의 신자 획득이 한계에 달했다고 하면서도 실은 한국인 전체로 보면 아직 종교적 수요가 충분히 채워져 있지 않음을 보여주고 있다고 할 수 있다.

한편 일본 종교 단체가 한국에 맞는 선교 방법을 모색하는 것과 대조적으로 한국 교회는 외국에 선교할 때 그 방법을 별반 고려하지 않는 것처럼 보인다. 어떤 한국 개신교회는 일본에서 대규모 전도 집회를 개최하는 등 화려한 선교 활동을 하고 있다. 대규모 전도 집회는 미국이나 한국에서는 전통적인 방법으로 결코 드물지 않으나, 일본에서는 거의 친숙하지 않고 전체주의적인 인상을 주게 된다. 그리고 전체주의적 활동 경향은 일본에서 컬트(이단) 특유의 것으로 생각되며, 일본인에게 컬트 종교를 연상시키는 것이다. 한국 기독교회의 일본 선교는 '한국에서 일본으로'라는 일방적인 것이 아닌 쌍방적인 것이 되어야 한다고 지적되고 있다(신광철·나카니시 히로코, 〈한국 기독교의 일본 선교〉, 이원범·사쿠라이 요시토시, 앞의 책 수록).

한국 교회가 개최하는 전도 집회에는 배우나 가수 등 연예인이 나오는 경우가 있는데, 이 역시도 유명인을 내세워 선전 활동을 하는 이단의 방법과 비슷한 인상을 준다. 원래 일본에는 한국 기독교회에 관한 정보가 거의 없다. 이단이라 하더라도 스스로 그렇게 표방할 리 없기 때문에 대부분의 일본인은 외관만으로는 이단인지 아닌지 판별이 안 되는 것이다. 이러한 상황에서 한국계의 교회로 발걸음을 옮기는 사람이 많이 나올 것이라고 생각되지 않는다.

한국 교회의 과제

1970년대부터 한국의 경제 성장과 함께 대형화를 지향하는 다수의 교회가 재정적으로는 풍요롭게 되었다. 그러나 교세의 확대에만 몰두하고 구제 등 사회사업에는 무관심하여 균형을 잃은 채 성장해왔다. 한국전쟁 때에도 외국 기독교계 기관으로부터 구제 물자를 받는 통로나 창구로서는 활약했으나, 일부 교회를 제외하면 사회사업에 힘을 쏟는 모습을 보여주지 못했다고 많은 한국인들이 생각하고 있다.

현재에도 한국 개신교회는 사회에 공헌하지 않는 점을 비판받고 있다. 교회가 자신의 내부밖에 보지 못한다고 인식되고 있는 것이다. 해외 선교를 활발히 한다고 하더라도 국내를 향한 선전 활동의 색채가 강하다면, 선교지에서 갈등만 초래하는 결과로 끝날 수도 있다. 그것은 한국 교회의 긍정적 측면까지 해치게 될 것이다. 지금이야말로 한국 교회는 교회 내외부의 비판의 소리에 귀를 기울이는 자세가 필요하다.

한국 교회는 사회와 어떻게 관계해야 할 것인가. 특히 개신교회에 현저하게 보이는 대형교회주의와 개별교회주의를 극복하여 교회가 어떠한 형태로 사회에 공헌할 수 있을 것인가. 또한 북한 문제에서 교회는 어떠한 역할을 담당해야 할 것인가. 한국 교회가 가져야 할 전망이 지금 바야흐로 문제시되고 있는 것이다.

맺는말

이웃 나라와 좋은 관계를 맺기는 어렵다. 어떤 의미에서 불가능하다고도 말할 수 있을 것이다. 두 나라가 가까우면 국익이 충돌하고 때로는 전쟁도 일어난다. 따라서 한쪽이 다른 쪽에 종속해 있는 경우가 아니라면 마찰이 생기는 것은 당연할지도 모른다. 일본과 한국은 매우 비슷하다. 당연한 일이지만 특히 사람들의 외모가 비슷하다. 일본인의 특징을 가지고 있는 사람도 있고 한국인의 특징을 가지고 있는 사람도 있으나, 서울에 일본인이 있거나 혹은 반대로 도쿄에 한국인이 있어도 누구 하나 신경 쓰지 않으며, 아무 말 없이 잠

자코 있으면 대부분 외국인이라는 사실을 알아차리지 못할 것이다.

이처럼 겉모습이 비슷하면, 아니 비슷하기 때문에 때로 더욱 더 그 차이가 강조된다. 일본과 한국은 비슷한 것 같지만 실은 여러 면에서 다르다고 말한다. 이 역시 종종 있는 일일 것이다. 기독교는 그 차이들 중 하나라고 말할 수 있다. 이 책은 일본과 한국의 차이를 강조하는 것이 목적이 아니다. 상호의 차이를 이해함으로써 이해를 심화시키는 것이 그 목적이다. 마찰이나 혐오가 생기는 것은 어쩔 수 없다고 하더라도 그것이 오해에 근거한다고 한다면 그처럼 슬픈 일은 없을 것이다.

저자 두 사람의 전공 영역에 대해 설명해둔다. 아사미 마사카즈(淺見雅一)는 16~17세기의 '기리시탄 시대'라고 불리는 시기의 일본과 중국의 우상숭배론을 예수회의 사료를 중심으로 연구하고 있다. 안정원(安廷苑)은 같은 시기의 일본과 중국 가톨릭교회 내의 혼인 문제를 연구하고 있다. 두 사람 다 일본과 중국 전근대 시대의 가톨릭 역사가 전공 분야로서, 한국 기독교에 대해서는 거의 문외한이다. 그러나 자신들의 전공 분야와 약간의 접점이 있기 때문에 언젠가 어떠한 형태로든 정리해보고 싶다는 생각을 해왔다.

한국 기독교에 대해 조사하고 싶다고 생각했을 때 두 저자 사이에는 한국 교회에 대한 인식의 차이가 있었다. 한국인 크리스천인 안정원에게는 당연하게 보이는 사항이 일본인 아사미에게는 신기하게 보인 일이 적지 않았다. 그것은 안정원의 입장에서 보면 너무 당연하여 설명할 필요조차 없다고 생각되는 일이었다. 한편으로 안정원이라면 당연히 알고 있을 것이라고 아사미가 생각한 것을 안정원은 뜻밖에도 대수롭지 않게 지나치는 경우가 있었다. 그래서 한국 기독교가 일본에 소개되지 않았던 것이 아닌가 생각되는 일이 종종 있었다. 두 사람의 인식의 차이를 메우는 것으로부터 이 책의 집필이 시작되었다고 할 수 있다.

그런데 집필 도중 생각지도 못한 벽에 부딪쳤다. 한국 기독교에 대한 전체상을 통찰하는 서적이 당초 예상에 반하여 거의 없었던 것이다. 한국 기독교사 연구는 그 교세와 많은 신학교의 수에 비해 참고할 만한 연구가 대단히 적은 것에 놀라지 않을 수 없었다. 이 점은 일본어로 된 연구는 물론이고 한국어로 된 것 역시 마찬가지였다. 교회사 연구는 활발히 행해져도 그 태반은 개신교 초기 포교 등 특정 시대나 주제에 집중되어 균형을 잃고 있다는 인상을 지울 수 없었다. 전문가에 의한 개별 연구는 있어도 교회 전반에 걸쳐서는 정보량이 부족하거나 때에 따라 편견에 찬 것도 있었다. 우리들은 한국 기독교의 존재 방식을 일본에 정확히 전할 사회적 필요성이 있다고 생각해왔다. 이 책은 치우치는 일 없이 일반적 정보를 제공하는 것을 목표로 하고 있다. 한국 교회를 비판할 생각은 없으나, 한국 교회에 영합하는 기술도 하지 않았다고 생각한다. 단 종교 단체의 좋은 점은 당연한 것이라 눈에 띄지 않기 때문에 의도한 것 이상으로 문제점을 많이 부각시키고 말았다.

한국 기독교에 대한 소개가 일본에 너무나 적은 것은 한국 교회의 책임이다. 이 책을 집필하는 과정에서 대형교회 소속의 '연구소'라고 이름붙인 곳에 문의해봐도, 왜 이 교회에 대해 조사하는가를 호되게 탐문당한 후, 겨우 알게 된 것이라고는 그들이 자신들의 교회에 관한 기초적 데이터조차 파악하고 있지 못하다는 사실인 적도 있었다. 만사가 이런 식이라고는 생각하고 싶지 않으나 집필하는 동안 종종 경험한 일이었다.

한편 가톨릭교회사연구소에서는 도서 열람과 데이터 수집

에 편의를 제공해주었다. 서울대학교 이원순 명예교수님께는 초고를 읽어주시는 등 많은 도움을 받았다. 또 제1장 재미 한국 동포에 대해서는 게이오대학 문학부의 요시하라 가즈오(吉原和男) 교수에게, 제4장 동학에 대해서는 교토부립대학 문학부의 가와세 다카야(川瀨貴也) 부교수에게 가르침을 받았다.

이 책은 완전한 공저로 누가 어떤 부분을 집필했다고 나누어 말하기 어려우나, 대체로 다음과 같은 순서로 작업했다. 제1장은 아사미와 안정원 두 사람이 정리했다. 제2장과 제4장은 아사미가 기본 원고를 작성한 다음에 안정원이 대폭 수정했다. 제3장과 제5장은 안정원이 기본 원고를 작성한 후에 아사미가 대폭 수정을 가했다. 전체적으로 두 사람이 관계 자료를 수집하고 안정원이 한국어 독해와 분석을 행한 후 두 사람이 함께 토의를 거쳐 요점을 문장화했다.

주오코론신샤(中央公論新社)의 편집부를 소개해준 것은 도쿄대학교 사료편찬소의 야마모토 히로후미(山本博文) 교수이다. 당초 편집 담당은 다카하시 마리코(高橋眞理子) 씨였으나, 그 후 후지요시 료헤이(藤吉亮平) 씨에게 넘겨졌다. 후지요시 씨의 도움으로 거칠던 원고가 정리된 형태를 띠게 되었다. 이름을 밝히는 것으로 감사의 인사를 대신하고 싶다.

이 책이 일본인이 한국을 이해하는 데 일조한다면 그 이상의 기쁨은 없을 것이다.

2012년 6월

저자

옮긴이 후기

이 책은 16~17세기 중국과 일본의 가톨릭교회사를 연구한 아사미 마사카즈 교수와 안정원 교수가 일본 대중들을 대상으로 쓴 한국 기독교 관련 개설서이다. 한국의 독자들에게도 한국 기독교계를 바라보는 새로운 창을 열어준다는 점에서 의미가 크다.

우선 이 책은 전래 초기에서 오늘날에 이르기까지 한국 기독교의 역사를 통시적으로 훑을 뿐만 아니라 가톨릭과 개신교를 함께 논하고 있어, 한국 기독교의 전체상을 조망하기에 좋은 책이다. 교회, 신도, 성직자, 신학교 등의 구체적인 통계

외에도 한국 개신교의 해외 선교 양태, 해외 한인교회의 존재 형태, 재한국 일본 종교의 포교 현황, 북한 교회의 존재 양태 등 한국 기독교에 관련된 종합적인 상황을 제시하고 있다. 요컨대 마치 항공 촬영을 한 것처럼 한국 기독교를 전체적으로 조망할 수 있는 책이다.

또한 이 책은 한국 기독교에 대한 외부의 시선을 보여준다. 우리에게 익숙한 한국 기독교가 관찰자의 시선으로는 매우 이례적이고 특이하게 보인다는 점을 알게 해준다. 예를 들면, 한국 개신교의 대형화, 세습, 개별교회주의, '삼박자 축복'의 신학 등이 그것이다. 저자들에게는 한국 교회의 현상이 '기독교화한 무속종교'라는 의구심을 갖게 할 정도로 이질적이고 특이하게 인식된다. 타자의 시선은 곧 나를 비추어 보는 '거울'일 수 있다. 저자들의 의구심을 진지하게 받아들이면 우리 종교를 성찰할 기회를 가질 수 있을 것이다.

한편 이 책은 여러 장점과 함께 몇 가지의 문제점도 내포하고 있다. 첫째, 기독교의 수용 이유에 대해 한국적인 한(恨)을 언급하면서 "한국에 기독교가 보급된 것은 비참한 상태를 기뻐하고 즐기는 한국인의 감성에 적합하기 때문이다"라는 설명을 인용하고 있다. 니체는 삶의 고통을 현실에서는 해소할 수 없기 때문에 상상 속의 복수를 통해 마음의 위안을 얻으려고 하는 감정을 '원한(ressentiment)'이라 불렀다. 이러한 왜곡된 감정의 연금술에 근거해 강자는 악하고 약자는 선하다는 가치평가의 틀을 만들고 스스로의 고통에 대해 '정신 승리'를 하면서 현실의 노예 상태에 안주한다는 것이었다. 그러나 저자들은 한국의 '한'을 제대로 설명하지 못하는 바람에 한국인을 세계 여러 민족 중 특별히 노예적 근성에 중독되어 있는 민족으로 설명하고 말았다. 한국 근현대사의 역동성과 민중의 역사적 주체성을 감안할 때 비참함을 기뻐하고 즐기기 때문에 한국인이 기독교를 수용했다는 설명은 설득력이 약하다고 판단된다.

둘째, 한국에서 기독교가 보편적으로 뿌리내리게 된 이유로 천도교가 기독교 수용의 가교 역할을 했다는 저자들의 주장 또한 검토를 요한다. 역자가 판단하기에, 지금까지 이러한 주장을 제시한 것은 이 책이 처음이다. 이 주장을 뒷받침하기 위해 저자들은 천도교와 기독교의 교리적 친화성을 지나치게 강조하면서, 천도교의 독자적 위상을 간과하는 경향을 보이고 있다. 그러나 역사적으로 보면, 19세기 말에서 1950년대까지의 반세기 이상의 오랜 기간 동안 천도교와 기독교는 별개의 종교로서 존재했다. 그리고 이 기간 동안 천도교의 교세가 기독교의 그것보다 더 강했다. 3·1독립운동이 일어난 1919년 당시 개신교인은 약 20만 명이었고, 천도교인들은 그 10배가 넘는 200만 명 정도였으며, 1920년대에도 300만 명의 규모를 유지했다. 이러한 양자의 교세 차이는 해방 직후까지 지속되었다. 해방 당시 개신교의 인구는 약 40만 명에 불과했던 것이다. 이러한 역사적 사실을 고려할 때, 천도교의 역사를 기독교 확장사의 배경 혹은 '가교'에 불과한 종속변수로 인식하는 것은 다소 무리가 있다고 생각된다.

한국에서 기독교가 급속히 팽창하게 된 것은 해방 이후의 일로, 천도교의 영향보다는 해방 직후 한반도의 분단 및 냉전체제로의 구조적 재편과 긴밀한 관련이 있었다. 한반도가 냉전체제로 재편성되는 과정에서 천도교가 중도를 표방하여 쇠락해간 반면, 기독교는 확실한 친미와 반공, 그리고 친자본주의를 표방했기 때문에 한국 사회에 광범위하게 확산되었음을 간과해서는 안 된다는 것이다.

셋째, 저자가 한국 기독교, 특히 개신교를 바라보는 시각이 과도하게 '기독교화한 무속종교'라는 시각에 경도된 것도 문제라고 할 수 있다. 저자는 이러한 경도에 균형을 맞추기 위해 한경직 목사를 소개하고 있다. 그러나 한경직 목사는 한국 교회의 치부(致富), 세습, 불투명한 회계 구조, 종교세 면제 등의 배금주의(mammonism)에 대한 대극은 될 수 있어도, 교회의 사회윤리 부재에 대한 대극은 될 수 없다. 오히려 이 대극으로서는 한국 개신교의 민주화운동과 '민중신학'을 소개해야 할 것이다. 한국 개신교의 민주화운동은 1976년 3·1운동 기념 기도회를 계기로 조직화되었다. 이 기도회에서 재야인사들은 거듭되는 군부독재에 대항하여 긴급조치 폐지, 의회정치의 회복, 사법부의 독립을 촉구하는 성명서를 발표했다. 이 사건으로 김대중, 문익환, 윤보선, 함석헌 등이 징역 5년을 선고받는 등 대다수의 사람들이 실형을 언도받았다. 김대중은 가톨릭 신자이나, 문익환, 함석헌, 윤보선을 비롯한 대다수는 개신교 인사였다. 이들의 옥바라지를 계기로 '구속자가족협의회'가 결성됨으로써, 개신교는 1970년대 한국 민주화운동의 주요한 세력이 되었다. 1980년대에는 이 단체가 '민주화실천가족운동협의회'로 확대·발전되었다. 이들이 참여한 민주화운동은 주지하다시피 1987년 '6월 민주항쟁'으로 귀결되어 오랜 군부독재를 종식시키고 민주화를 이루어냈다.

또한 이러한 민주화운동과 맞물려 1970년대 중반 이후 성서신학자 안병무, 조직신학자 서남동, 현영학, 서광선, 통일 일꾼 문익환 등 개신교 신학자들이 중심이 되어 '민중신학' 이 전개되었다. 이 용어는 1979년 한국에서 열린 아시아교회 협의회(CCA) 신학협의회에서 처음 사용되었고, 그 후 라틴아 메리카의 상황신학인 '해방신학'과 마찬가지로 한국적 상황 신학으로서 국제적으로 인정받게 되었다. 그 후 '민중신학'은 특히 제3세계의 신학계에 신선한 충격으로 받아들여졌다. 역 자가 조사한 바에 의하면 일본에도 '민중신학'이 소개되었고 적지 않은 논문과 단행본이 출간되었다.

따라서 저자들이 '기독교화한 무속종교'의 양태를 소개함 과 더불어, 그 대극에 있는 한국 개신교의 민주화운동 및 '민 중신학'을 소개해야만 비로소 '한국 기독교에 대한 편견 없는 일반적인 정보 제공'에 더욱 근접할 수 있었을 것이다.

넷째, 이 책에는 전근대 한중 관계를 왜곡하는 식민사관을 답습한 역사인식이 보인다. 대표적인 예를 들면, 서학과 한 역 서학서를 논하면서 '사대외교' 관계를 '조선이 중국에 복 속하는 주종 관계'라고 규정하는 것이다. 조공책봉체제를 중 국의 천하 질서 내에서 실질적인 내적 자율성을 확보한 주변 국들과 중원왕조 간의 일종의 '안보 레짐'으로 파악하는 관점이 이미 한국 사학계에서 제시된 바 있다. 즉 이러한 중화적 질서는 형식적 위계와 비공식적 자율성의 공간을 가졌다는 점에서 근대 식민주의적 '지배와 종속'의 질서와는 전혀 다른 질서였다. 그럼에도 저자들이 '사대외교'라는 용어를 '조선이 중국에 복속하는 주종 관계'라고 정의하는 것은 문제가 있다고 할 수 있다. 저자들의 전공이 역사가 아니라고 하지만, 한국에 관련된 사안을 다루는 서적을 저술하는 데 있어 근대 한일 관계가 식민사관에 의해 얼마나 왜곡되고 훼손되었는가에 대한 문제의식은 필수적이다. 집필자가 의도하지 않을 경우에도 그들의 서술이 일본의 역사 왜곡에 일조하게 되는 결과를 초래하기 때문이다.

이 밖에 이 책에 보이는 '이씨조선(李氏朝鮮)'이라는 명칭도 동일한 맥락이라고 할 수 있다. 조선 왕조를 호칭하는 이러한 명칭도 식민지 시대 조선 왕조를 폄하하기 위해 일본 관변학자들이 만들어낸 비어이기 때문이다.

몇몇 문제점에도 불구하고 이 책은 한국 기독교인들에게 타자의 시선을 통해 자신의 모습을 스스로 돌아보게 하는 '거울' 역할을 할 것이다. 특히 한국 기독교가 사회성과 윤리성을 회복해야 한다는 지적, 한국 사회의 제 문제와 북한 문제,

나아가 남북통일에 대해 응답해야 한다는 지적은 뼈아픈 충고로 받아들여야 할 것이다. 이와 동시에 한국 기독교를 일본에 제대로 알리지 못한 점에 대해서도 한국 기독교가 반성해야 할 것이다. 이를 통해 한국 기독교는 스스로를 성찰하고 정화하며 건강하게 성장해 갈 수 있을 것이다.

끝으로 이 책이 나오기까지 도움을 주신 분들께 감사를 전하고 싶다. 조교 김진영과 이예향은 바쁜 중에도 입력 작업과 교정을 도와주었다. 땀 흘린 노고에 감사의 마음을 전한다. 한국 기독교에 경고와 경각심을 일깨워주는 이 책의 번역을 제안해주신 도서출판 책과함께에도 깊은 감사를 드린다. 우주 만물 가운데 스스로 자족적으로 존재할 수 있는 것은 아무것도 없다고 한다. 여러 사람이 마음을 모아 만든 이 책이 한국 기독교의 자기성찰에 조금이라도 도움이 되기를 기도한다.

해방 70주년 12월

옮긴이 양현혜

참고문헌

- 강인철, 《한국 기독교회와 국가·시민사회(1945~1960)》, 한국기독교역사연구소, 1996

- 김광수, 《북한 기독교 탐구사》, 기독교문사, 1994

- 김영재, 《한국교회사》, 이레서원, 2004

- 김영재, 《한국교회사》 개정3판, 합신대학원출판부, 2009

- 김흥수 편, 《해방 후 북한교회사》, 다산글방, 1992

- 민경배, 《한국기독교회사》, 신개정판, 연세대학교출판부, 1993(金忠一 譯, 《韓國キリスト教会史》, 新教出版社, 1981)

- 안종철, 《미국 선교사와 한미 관계 1931~1948: 교육 철수, 전시 협력, 그리고 미군정》, 기독교역사연구소, 2010

- 이대복, 《이단종합연구》, 기독교이단문제연구소, 큰샘 출판사, 2000

- 이원순, 《조선서학사 연구》, 일지사, 1984

- 이원순, 《한국천주교회사 연구》, 한국교회사연구소, 1986

- 이원순, 《한국천주교회사 연구》(속), 한국교회사연구소, 2004

- 정숙희, 《그들은 왜 교회를 떠났을까?》, 홍성사, 2007

- 최석우, 《한국교회사의 탐구》 II, 한국교회사연구소, 1991

- 탁명환, 《기독교이단연구》, 한국종교문제연구소·국제종교문제연구소, 1986

- 탁명환, 《한국 신흥종교의 실상》, 한국종교문제연구소·국제종교문제연구소, 1991

- 한국기독교역사연구소·북한교회사 집필위원회 편,《북한교회사》, 한국기독교역사연구소, 1998
- 한국기독교역사연구소 편,《한국기독교의 역사》I, 기독교문사, 1989 (韓晳曦·蔵田雅彦 監譯,《韓國キリスト教の受難と抵抗—韓國キリスト教史 1919~1945》, 新教出版社, 1995)

- 加地伸行,《儒教とは何か》, 中公新書, 1990
- 姜在彦,《西洋と朝鮮》, 文藝春秋, 1994
- 古田博司,《朝鮮民族を讀み解く—北と南に共通するもの》, ちくま新書, 1995
- 古田博司·小倉紀蔵 編,《韓國學のすべて》, 新書館, 2002
- 堀内一史,《アメリカと宗教—保守化と政治化のゆくえ》, 中公新書, 2010
- 金大中, 波佐波清·康宗憲 譯,《金大中自傳 II 歴史を信じて—平和統一への道》, 岩波書店, 2011
- 金龍範,〈韓國キリスト教会の延邊朝鮮族自治州における宣教活動とその意圖〉,《貿易風—中部大學國際關係學部論集》第2號, 2007
- 楠田斧三郎,《朝鮮天主教小史》, 博文堂書店, 1934 ; 大空社, 1996 (復刊)
- ルイズ·デ·メデイナ,《イエズス會士とキリシタン布教》, 岩田書院, 2003
- 閔庚培, 澤正彦 譯,《韓國キリスト教史》, 日本基督教團出版局, 1974
- 山口正之,《ローマ法王廳古文書館所蔵黃嗣永帛書の研究》, 全國書房, 1946
- 山口正之,《朝鮮西教史》, 雄山閣, 1967
- 山口正之,《朝鮮キリスト教の文化史的研究》, 御茶の水書房, 1985 (再版)
- 小倉紀蔵,《心で知る, 韓國》, 岩波書店, 2005
- 松田毅一·川崎桃太 編譯,《秀吉と文祿の役》, 中公新書, 1974
- 秀村研二,〈受容するキリスト教から宣教するキリスト教へ—韓國キリスト教の展開をめぐって〉,《朝鮮文化研究》第6號, 1999
- 矢沢利彦,《中國とキリスト教—典禮問題》, 近藤出版社, 1972

- アルカデイオ・シュワーデ,〈朝鮮の役における日明和平交渉について―主として外國資料による〉(《キリシタン研究》, 第11輯, 1966)

- 呉善花,《續スカートの風―恨を樂しむ人びと》, 三交社, 1991; 角川文庫, 1999

- 呉善花,《新スカートの風―日韓=合わせ鏡の世界》, 三交社, 1993; 角川文庫, 2000

- 伍野井隆史,《日本キリシタン史の研究》, 吉川弘文館, 2002

- 呉充台,《日韓キリスト教交流史》, 新教出版社, 1968

- 柳東植, 金忠一 譯,《韓國の宗教とキリスト教》, 洋洋社, 1975

- 柳東植,《朝鮮のシャーマニズム》, 學生社, 1976

- 柳東植, 澤正彦・金纓 譯,《韓國キリスト教神學思想史》, 教文館, 1986

- 柳東植,《韓國のキリスト教》, 東京大學出版會, 1987

- 柳田利夫,〈文祿・慶長の役とキリシタン宣教師〉,《史学》第52巻 1号, 1982

- イエズス會日本管區 編,《一〇〇年の記憶―イエズス會 再來日から一世紀》, 南窓社, 2008

- ダレ, 金容權 譯,《朝鮮事情―朝鮮教会史序論 その歴史, 制度, 言語, 風俗および習慣について》, 平凡社, 1979

- 李元範・櫻井義秀 編,《越境する日韓宗教文化―韓國の日系新宗教 日本の韓流キリスト教》, 北海道大學出版會, 2011

- 李元淳,〈朝鮮後期儒學知識人の西教認識と受容の特性―比較文化論の糧として〉, 水上朗・阿南成一・稲垣良典 編,《自然法と文化》, 創文社, 2004

- 李錢, 金龍範 譯,〈韓國人の移民教会の成長とその機能に関する研究―アメリカジョージア州アトランタ韓國人教会を中心に〉,《貿易風―中部大學國際關係學部論集》創刊號, 2006

- 蔵田雅彦,《天皇制と韓國キリスト教》, 新教出版社, 1991

- 帝石希望,〈韓國における初期キリスト教受容の要因〉(上・中・下),《愛知大学 言語と文化》第13, 17, 19号, 2005～2008

- 趙景達,《異端の民衆反亂―東學と甲吾農民戰爭》, 岩波書店, 1998
- 趙載國,《韓國の民衆宗教とキリスト教》, 新教出版社, 1988
- 重村知計,《〈今の韓國・北朝鮮〉がわかる本》, 三笠書房, 2007
- 淺見雅一,《フランシスコ＝ザビエル―東方布教に身を捧げた宣教師》, 山川 出版社, 2011
- 川瀬貴也,《植民地朝鮮の宗教と學知―帝國日本の目差しの構築》, 靑弓社, 2009
- 澤正彦,《南北朝鮮キリスト教史論》, 日本基督教團出版局, 1982
- 澤正彦,《未完 朝鮮キリスト教史》, 日本基督教團出版局, 1991
- 浦川和三郎,《朝鮮殉教史》, 全國書房, 1944; 國書刊行会, 1973(復刊)
- 韓國文化歷史地理學會 編,《文化歷史地理》, 第15巻 1号, 2003
- 韓國宗教民俗研究會 編,《韓國の宗教と先祖祭祀》, 岩田書院, 2008
- 韓晳曦・飯沼二郎,《日本帝國主義下の朝鮮傳道》, 日本基督教團出版局, 1985
- Juan Ruiz-de-Medina, S. J., *El Martirologio del Japon 1558-1873*, Institutum Historicum Societatis Iesu: Roma, 1991 (ルイズデメディナ,《日本殉教録》)
- ホアン・G・ルイズデメディナ,《遙かなる高麗―十六世紀韓國開教と日本イ エスス會》, 近藤書店, 1988
- Mark R. Mullins, *Christianity Made in Japan: A Study of Indigenous Movements*, University of Hawaii Press, 1998 (高崎恵 譯,《メイド・イン・ジャパンのキリ スト教》, トランスビュー, 2005)

* 일본어 저서와 논문을 중심으로 하고, 한국어 문헌은 직접 참조 또는 인용한 것만 포함함.

도판 출처

- 김수진, 《아름다운 빈손, 한경직》, 홍성사 218쪽
- 김영재, 《한국교회사》(개정 3판), 합신대학원출판부 122쪽
- 《명동성당》, 가톨릭출판사 60쪽, 170쪽
- 박영규, 《평양대부흥운동》, 생명의말씀사 137쪽
- 박희봉, 《천주교 순교지 절두산》, 가톨릭출판사 98쪽, 105쪽, 107쪽
- 《천도교창건사》, 천도교중앙종리원 185쪽
- 최성은, 《안녕하세요, 교황님》, 바다출판사 162쪽
- 한국기독교역사연구소 편, 《한국기독교의 역사》 I, 기독교문사 115쪽
- 한국기독교역사연구소 편, 《한국기독교의 역사》 III, 한국기독교역사연구소 14쪽
- 《日本大百科全集》 第14卷, 小學館 63쪽
- 《天主實義》, 內閣文庫蔵 88쪽
- David Yonggi Cho, *Dr. David Yonggi CHO*, Bridge-Logos Publishers, 2008 39쪽
- Donald N. Clark, *Missionary Photography in Korea*, Seoul Selection, 2009 112쪽

그 외 저자 촬영

한국 기독교, 어떻게 국가적 종교가 되었는가

1판 1쇄 2015년 12월 25일

지은이 | 아사미 마사카즈 · 안정원
옮긴이 | 양현혜

편집 | 천현주, 박진경
마케팅 | 김연일, 이혜지, 김유리
디자인 | 이석운, 김미연
종이 | 세종페이퍼

펴낸곳 | (주)도서출판 **책과함께**
　　　　주소 (121-896) 서울시 마포구 월드컵로 50 덕화빌딩 5층
　　　　전화 (02) 335-1982~3
　　　　팩스 (02) 335-1316
　　　　전자우편 prpub@hanmail.net
　　　　블로그 blog.naver.com/prpub
　　　　등록 2003년 4월 3일 제25100-2003-392호

ISBN 979-11-86293-41-6　93900

이 도서의 국립중앙도서관 출판예정도서목록(CIP)은 서지정보유통지원시스템 홈페이지
(http://seoji.nl.go.kr)와 국가자료공동목록시스템(http://www.nl.go.kr/kolisnet)에서 이
용하실 수 있습니다.(CIP제어번호: CIP2015033777)